Hildesheim. Sturzflug durch die Vierziger

Hildesheim
Sturzflug durch die Vierziger

Sabine Brand (Herausgeberin)

Bildband mit Geschichten und Briefen
von Wilhelm Brand, Erika Glitz, Ezio de Lorenzo,
Walter Maciejewski, Irma Mamone, Franz-Josef Oelkers, Sigurd Prinz,
Bärbel Rehberg, Wilhelm Strube und Ruth Wolter

MORITZBERG
VERLAG

Herausgeberin: Sabine Brand

Bildlegenden: Sabine Brand
Geschichten: Walter Maciejewski, Franz-Josef Oelkers,
Bärbel Rehberg, Wilhelm Strube, Ruth Wolter
Briefe: Wilhelm Brand, Erika Glitz, Sigurd Prinz
Bearbeitung der erzählten Geschichten von Ezio de Lorenzo
und Irma Mamone: Sabine Brand und Bärbel Westphal

Satz, Gestaltung und Umschlaggestaltung: Gero Schulze

Herstellung: Quensen Druck + Verlag GmbH & Co. KG, Hildesheim

www.moritzvomberge.de

Printed in Germany

ISBN 978-3-9806093-9-5

Vorwort

Im Sturzflug durch die Vierziger – ein harmlos netter Ausflug in die Hildesheimer Geschichte ist das nicht. Sturzflug – das bezieht sich auf das Tempo, mit dem der Betrachter zwölf Jahre – 1939 bis 1950 – durcheilt. Auch die Flugrichtung passt: der Absturz vom Jahr des Kriegsbeginns bis zum Frühjahr 1945, der Aufstieg, erst mühsam, dann immer schneller und zielstrebiger, in die fünfziger Jahre hinein. Die schöne Stadt, in deren Mauern auch Grauenhaftes passierte, hat im Sturzflug die Kurve gekriegt, ist nicht ein schwarzes Loch und Wüste geblieben. Sie ist transparenter geworden, die Widersprüche treten offener zutage als unter dem alten Mantel romantischer Fassaden. Nicht einmal den Kellern hat man in der ausgebrannten Innenstadt ihre Rätsel gelassen – alles frisch, alles neu und leichter als vorher.

Und das Gewissen der Stadt – der Alpdruck auf dem Nacken, dieser Huckup auf dem Apfeldieb – hat sich das auch erleichtert? Solche schwerwiegenden Fragen gingen mir manchmal durch den Kopf, wenn ich Bilder für den „Sturzflug" aussuchte – viele Momentaufnahmen, Splitter, Puzzleteile, die sich nicht einfach zu einem Gesamtbild fügen. Einfache Erklärungen für das, was der Stadt und ganz Deutschland in den Vierzigern passiert ist, hätte ich gern gefunden – das war ein Grund, warum ich mich an die Arbeit gewagt hatte. Einfach, in klaren Fronten, schwarz oder weiß, ist im Verlauf dieser Suche kaum etwas geblieben.

Das war das Spannendste für mich bei den Recherchen zu diesem Buch: wie vielfältig das Leben war, das ich entdeckte – auch in den Vierzigern –, und wie stark es sich wandeln konnte innerhalb von zwölf Jahren. Die Schablonen, die man sich als Nachgeborener zurechtgelegt hat, passen nicht wirklich, Schablonen passen gar nicht – die Wirklichkeit hat dafür zu viele Facetten.

Meine Bewunderung gilt den Menschen, die mir erlaubt haben, in ihre Fotoalben zu gucken und ihre Lebensgeschichten kennen zu lernen. Bewunderung dafür, dass sie nicht dichtmachen und verdrängen, sondern Schmerz und Trauer und Scham und Wut, wenn sie wieder aufsteigen – und das tun sie – ins Auge sehen.

Viele Menschen haben zu diesem Buch beigetragen, denn die meisten Bilder stammen aus Privatalben. Fotos aus den Vierzigern sind dünn gesät – das spürt man auch bei der Recherche in den Archiven. Im Krieg gab es keine Filme mehr, nach dem Krieg wurden viele Kameras versteckt oder beschlagnahmt. Fotos sind verbrannt wie vieles andere auch. Die Männer, die meist zu Friedenszeiten fotografierten, waren im Krieg – und man hatte einfach andere Sorgen, als Fotos zu machen.

Noch ein Handikap meiner Suche war die lange Zeit, die seit den Vierzigern verstrichen ist. Die meisten damals schon Erwachsenen sind gestorben, viele Fotos können nicht mehr definiert werden: Wer ist darauf zu sehen und wo war das? Die Kinder und Großkinder der Erwachsenen von damals gehen mit den Fotos, die ihnen wenig sagen, nicht immer respektvoll um. Es sind nicht ihre Lebensgeschichten, da verliert das Aufheben und Bewahren an Wert.

Auch die Fotografen, deren Bilder das Buch zeigt, sind meist nicht mehr am Leben. Besonders würdigen möchte ich vier von ihnen: Gustav Klare, den Meister der Fotografie vom Moritzberg, dessen unscheinbarer Stempel hinter vielen der Originalbilder – von der Hochzeit bis zum Industrieensemble – auftauchte, Heinrich Hagemann, den Hobbyfotografen, dessen Schwarz-Weiß-Aufnahmen und Farbdias der Moritzberger Kulturverein hütet, Ernst Scharlemann, dessen Diasammlungen und heimatkundliche Ausarbeitungen mehr oder minder anonym auf verschlungenen Wege durch Hildesheim wandern, und Robert Schulte – meinen Onkel, den ich gern kennen gelernt hätte. Er hat als Schüler bezaubernde Fotos von der Idylle am Dom vor Beginn des Krieges gemacht und ist dann aus dem Krieg nicht zurückgekehrt – auch eine der Geschichten, die dies Buch erzählt.

Die Originalfotos sind oft fleckig, zerkratzt, eingerissen – und von sehr unterschiedlicher Qualität. Wir haben die Bilder nur so weit bearbeitet und retuschiert, dass sie ihren dokumentarischen Wert nicht verlieren. Zeitzeugen eines Jahrzehnts von Zerstörung, Gewalt und hartem Kampf um's Überleben – das sind auch die Fotos. Sie haben geholfen, manches Hildesheimer Geheimnis zu lüften; andere Geheimnisse wurden durch – manchmal kriminalistisch akribische – Recherche in Archiven, Adressbüchern und persönlichen Zeitzeugen-Gesprächen entschlüsselt. Viele sind im Dunkeln geblieben: Es fehlen die Bilder, die Einblick geben könnten. Am Tiefpunkt des Sturzflugs – 1945 – wurde viele Bilder und Dokumente bewusst zerstört, um späte Einblicke und deren Konsequenzen – Schuldzuweisung und Strafe – zu verhindern. Am Wendepunkt – die Amerikaner rollten ein – hat kaum jemand gewagt zu fotografieren. Und die langjährigen Besatzer, amerikanische und englische, sind im Nachhinein zum Geheimnis geworden – sie sind kaum durch Fotos dokumentiert.

Das Buch macht auch individuelle kleine Entdeckungsreisen möglich. In vielen Bildlegenden werden die Kommentare der Zeitzeugen, die uns die Bilder übergeben haben, in Anführungszeichen gesetzt zitiert. Manche Personen, Einrichtungen und Orte tauchen in den verschiedenen Kapiteln immer wieder auf. Man kann ihre Entwicklung verfolgen – und wenn man aufmerksam liest und anschaut, manche Querverbindung ziehen.

Ich wünsche mir, dass dies Büchlein dabei hilft, ein schwieriges Jahrzehnt zu verdauen – und dass der Huckup, dies kollektive Unbewusste im Nacken, dadurch eine Portion Gewicht verliert.

Sabine Brand
im Dezember 2009

Märi und Hexe

Franz-Josef Oelkers

1939 am Tag, als der Krieg begann, musste mein Vater seine beiden schönen Pferde Märi und Hexe, beide Hannoveraner, für den Krieg abliefern. Innerhalb von drei Stunden waren sie auf den Güterbahnhof zu bringen. Dort wurden die Pferde gesammelt und für die Fahrt nach Polen verladen. Märi und Hexe waren seine Lieblingspferde und er weinte, als er sie ablieferte.

Nun hatte er keine Pferde mehr. Ohne Pferde konnte er keine Kohlen fahren, um seinen Lebensunterhalt zu verdienen. Er konnte dann Pferde kaufen: Liesel, 20 Jahre und Hanko, zweieinhalb Jahre – sie waren für den Krieg nicht verwendbar.

1941 bekam er von einem Bahnangestellten einen Anruf: „Wenn du dein Pferd noch einmal sehen willst, komm schnell zum Bahnhof."

Ein Transport Pferde von Frankreich nach Russland machte eine Pause zum Füttern in Hildesheim. Und wirklich, der Bahnangestellte hatte sich nicht getäuscht, eines seiner Pferde war dabei. Es erkannte ihn wieder, es wieherte und rieb sich den Kopf an ihm. Mit Tränen in den Augen musste er ein zweites Mal Abschied nehmen. Das Pferd hatte Polen und Frankreich überstanden, um nun nach Russland gebracht zu werden.

Danach hörte er nie wieder etwas von seinen Pferden.

1939/40

12

vorherige Seiten: Hildesheim aus der Perspektive der Aufklärerflieger – das Industriegebiet mit Zuckerraffinerie, Senking-Werk und Gallwitz-Kaserne wurde abgedeckt, um Einblick in kriegswichtiges Gelände zu verhindern[1]

rechts: Anflug von Westen

Kurs auf den Marktplatz

oben: Spaziergang am südlichen Andreasplatz

links: St. Andreas. 1940

Der „Umgestülpte Zuckerhut“ mit einem kleinen Schreibwarenladen

oben: Das Hildesheimer Rathaus

links: Hitler-Jugend (HJ) auf dem Marktplatz

Die Stadthalle an der Neuen Straße – hier finden Konzerte, Vorträge, Modenschauen, Feste und Partei-Feiern statt. Nach Osten (nicht im Bild) ist der Stadthalle ein Haus vorgebaut, in dem der Pächter des Stadthallen-Restaurants Wilhelm Prinz mit seiner Familie wohnt.

In der Stadthalle am 9. November 1940: Feier zum Gedenken an den 9. November 1923 – den „Marsch auf die Feldherrnhalle“, Hitlers Putschversuch in München. In der vorderen Reihe vor dem Mittelgang Oberbürgermeister Dr. Werner Krause.

Das „Altdeutsche Haus“ Osterstraße 7 mit dreifachem Giebel und reicher figürlicher Schnitzerei ist Stammlokal der SS. Blickfang am Erdgeschoss sind die allegorischen Darstellungen von Alter und Tod durch Becher, Sanduhr, Totenschädel und Sense.[2]

21
FORD

vorherige Seite: Die Friesenstraße mit Blick zum Pelizaeusplatz. – In Friesenstieg und Friesenstraße waren viele jüdische Geschäftsleute angesiedelt: Auf der linken Seite hinten, Friesenstraße 20, war das Betten- und Aussteuer-Traditionsgeschäft von Jacobson, zuletzt von den jüdischen Inhabern Fröhlich und Co. geführt. In der Friesenstraße 3/4 (rechts) hatte Albert Stern mit Verwandten ein Textil- und Modegeschäft. Im Zuge der Zwangsauflösung jüdischer Firmen bis Ende 1938 musste er sein Geschäft aufgeben. Jetzt gehört es Bonhoff & Strüver, vorher im Langen Hagen ansässig. Albert Stern wohnt oben im (eigenen) Haus, sein Sohn Max Stern ist Ende 1938 nach Ecuador ausgewandert.[3]

links: Am Lappenberg – im Hintergrund eine Litfasssäule, wo früher die Synagoge bis in den Fußweg reichte. Am 9./10. November 1938 wurde die Synagoge von der SS zerstört, im Juni 1940 werden die Trümmer beseitigt.[4]

Hilda und Edith Stolte am Kehrwiederwall. Hulda Franz (links), Sintimädchen, schwer zuckerkrank, wurde als Kleinkind Anfang der dreißiger Jahre von Familie Stolte aufgenommen. Als Hilda Stolte wächst sie im Neustädter Markt 5 auf, kommt mit sieben Jahren vorzeitig zur Erstkommunion, ist mit zehn Jahren als Jungmädel im BDM (Bund Deutscher Mädel).[5]

links: An der Innerste bei den „Zwerglöchern" – Sonntagsausflug von Familie Stolte mit Pflegekind Hilda

oben: Der Mariendom mit dem Landgericht (links) und der Rückfront der Kurien am Kleinen Domhof (rechts) vom Langelinienwall

Durch die Stinekenpforte auf den Domhof

rechts: Auf dem Schulhof des Josephinums. 13. Juli 1939

links: Ebbeth und Sofie zu Besuch auf dem Domhof. 1940

oben: Die „Besengarde“ im Josephinum. 13. Juli 1939

rechts: „Immer fleißig“ – Emil Wegener, Hausmeister im Josephinum. 8. Juli 1939

rechts: Der Verlag Franz Borgmeyer in der Kreuzstraße 14 – hier Buchhändler Mohneke in der Verlagsbuchhandlung – produziert katholisches Schrifttum. Er gehört zu den bedeutendsten Buchhandelsfirmen Norddeutschlands. Am 19. Dezember 1940 wird der Betrieb von der Gestapo und der SS besetzt, geschlossen und in der Folgezeit enteignet. Geschäftsführer Georg Scholz, Ehemann der Firmeninhaberin Isabella Borgmeyer, wird aus der Berufskammer ausgeschlossen, die gesamte Verlagsproduktion kommt auf den Index. Borgmeyers Bücher und Schriften laufen den Zielen der NS-Propaganda zuwider, sie werden als schädlich eingestuft, z.T. als „bevölkerungspolitisch völlig untragbar“ wegen der publizierten Ansichten über Ehe, Zölibat und Kloster.[6]

oben: „Alter Markt“ nach Westen

St. Michael vom Garten des ehemaligen Magdalenenklosters. – Sülte-, Michaelis- und Magdalenenkloster sind seit über 100 Jahren Abteilungen der „Provinzial-Irrenanstalt" bzw. „Landes-Heil- und Pflegeanstalt" der Provinz Hannover.

„Wir wurden fürchterlich gebimst.“ Der Abschlussjahrgang der Knaben-Mittelschule am Pfaffenstieg ist von der Reichsjugendführung zu einem Lehrgang in die Gebiets-Führerschule Braunschweig-Querum beordert. 1940

links: In „Klein-Bethlehem“, Klosterstraße 1–2, führen die Barmherzigen Schwestern vom hl. Vinzenz v. Paul ein Säuglings- und Kinderheim, ein Heim für schulpflichtige Mädchen und ein Damenstift. Rechts die Kapelle von Klein-Bethlehem, unten die Kreuzung Klosterstraße, Wohl und Burgstraße.

rechts: Oberin Dosithea und Kaplan Henke im Garten von Klein-Bethlehem

links: In der Süsternstraße mit Blick zum „Wohl"

oben: Der Trommelzug des HJ-Fähnleins 18 auf dem Paul-von-Hindenburg-Platz, links die Küsthardtstraße mit Blick zum Neustädter Markt

Automobile der „Reichs-Kriegs-Opferfahrt" 1939 auf dem Paul-von-Hindenburgplatz, Blickrichtung Zingel. – Auch Der Deutsche Automobilclub (DDAC), Sammelorganisation für alle früheren Auto-Clubs, wird für den Krieg eingespannt.

oben: Einzugs-Parade des vom Frankreichfeldzug heimgekehrten 59. Infanterie-Regiments in der Goslarschen Straße, Ecke Roonstraße. 29. September 1940

rechts: Bataillonsfahne und „deutscher Gruß“

Festumzug mit „Lili Marleen", vermutlich am 1. Mai – umfunktioniert zum „Feiertag der nationalen Arbeit"

Jahrmarkt auf dem Karl-Dincklage-Platz (Steingrube), im Hintergrund die Kaserne des 79er Regiments der Kaiserzeit, jetzt vom 59. Infanterie-Regiment der Wehrmacht belegt

NSDAP

oben: Kinder der Moritzbergschule mit Lehrer Prenzler in der Steingruben-Kaserne – vermutlich am „Tag der Wehrmacht" am 18. März 1939

links: Vor der Dienststelle der Hitler-Jugend, Bann 79 (Stadt Hildesheim), Zingel 17a

Im Vordergrund Gartenstraße 20, Ecke Zingel, die wohl am meisten gefürchtete Adresse in Hildesheim – hier vor 1938. In den ehemaligen Sitz der Hannoverschen Boden-Kreditbank zog 1938 die Gestapo(Geheime Staatspolizei)-Leitstelle für Stadt und Landkreis Hildesheim ein. Bespitzelung der Bevölkerung, brutale Verhöre, Einweisung in KZ oder Arbeitserziehungslager und Folter mit Todesfolge sind hier an der Tagesordnung. Im Volksmund wird das Gebäude als das „weiße Haus“ und als „Tränenburg“ bezeichnet.[7]

Blick vom Almstor in die Almsstraße, im Hintergrund die Kirchtürme von St. Jakobi und St. Andreas

In der Konditorei Freise, einem der wenigen Hildesheimer Straßencafés, an der Straße der SA (Kaiserstraße) auf Höhe des Almstors

Der Hildesheimer Hauptbahnhof

oben: Offiziersbursche Wiland im Familien-einsatz – am Pavillon des Verkehrsvereins vor dem Hotel „Kaiserhof“ am Bahnhofsplatz

rechts: Typische Wohnhäuser der Nordstadt an der Kreuzung Heinrichstraße-Vogelweide – so wie Bauunternehmer Berthold Mehm sie Anfang des 20. Jahrhunderts erbaute. Mehms letzter Firmensitz war zwei Häuser entfernt vom Standort des Fotografen. Als einer der Baumeister der Nordstadt errichtete er u.a. die Häuser Sachsenring 59 – 60, Ludwigstraße 9, 11 und 12, Heinrichstraße 10, 36 und 37, Hochkamp 27 und 28 sowie das Gemeindehaus der „Andreasgemeinde Nord“ an der Peiner Landstraße. Nachdem Mehm „Zeuge Jehovas“ geworden war, wurde er 1936 aus der Handwerksrolle gestrichen, sein Baugeschäft wurde beschlagnahmt. Als mutmaßlicher Kopf der Widerstandsgruppe aus religiösen Gründen in seinem Wohnhaus Heinrichstraße 10 wurde er Ende 1936 inhaftiert – er hatte die Verteilung einer Resolution der Zeugen Jehovas organisiert. Auf die Verbüßung der einjährigen Haftstrafe folgte die Einweisung ins KZ Sachsenhausen. Dort wird Mehm Ende März 1939, 65 Jahre alt, erschossen, nachdem er den Hitlergruß verweigert hat.[8]

links: Blick von der Johannisbrücke Richtung Bischofsmühle. 1940

oben: In der alten Schmiede an der Johannisstraße baut Anton Dammann Anhänger – hier die Ostseite der Johannisstraße (Blickrichtung Bischofsmühle) mit dem neu eröffneten Fahrradgeschäft von Theo Dammann

links oben: „Das beste Eis in Hildesheim" – Silvio de Lorenzo, hier mit Ehefrau Maria und Tochter Gilda, führt seit 1925 den „Georgenpark" im italienischen Familienverband

links unten: Der „Georgenpark" im Bergsteinweg, jetzt Schlageterstraße – nach dem Krieg Dammstraße – mit Gastronomie auf zwei Etagen, großem Kaffeegarten und Eis-Verkauf außer Haus

rechts: Friedrich Wilhelm „Kuddel" Laue (Mitte) aus der Steinbergstraße hat ein Fahrradrennen gewonnen. Sportfunktionär Friedel Klapp (links) passt es nicht recht, dass er einen Jugendlichen auszeichnen muss, der sich dem politischen Drill entzieht. Kuddel ist Kummer gewohnt: „Zu Haus gab es regelmäßig Schläge, weil ich nicht zur HJ ging, sondern mit meinen Kumpels unterwegs war."

links: An den Häusern für Beamte und Berufssoldaten in der Obergstraße, Anfang der 1930er Jahre erbaut. „Eigentlich hätten wir bei der Verdunkelung Vorbild sein müssen, aber die Wachen mussten abends oft rufen: Licht aus, Fliegerhaus.“

rechts: Erika Glitz mit Klaus und Eri im „Fliegerhaus“ in der Obergstraße 6 – „Vati war Berufsoffizier und Taktiklehrer im Fliegerhorst, dort haben auch die Väter der Nachbarskinder gearbeitet“. Dezember 1940

rechts: Agnes Günther ist als Kindermädchen in Offiziersfamilien angestellt

nächste Doppelseite: „... sind bald wieder zu Hause" – Major Glitz in Versailles *(S. 60)*, Kurt Faßbender, SS-Mann, im Mai 1940 in Luxemburg *(S. 61)*

Schloßwache
Versailles

Hochbetrieb bei der Wetzell AG: Die Gummiwerke am Moritzberg
werden zum Rüstungsbetrieb. 1940

Blick vom Wetzell-Walzwerkgebäude auf Schlosserei und Kesselhaus. 1940

links: Gustav Pinkepanks 25-jähriges Betriebsjubiläum bei Wetzell. Mai 1940

unten: Hof und Kartonlager an der Südwestecke des Wetzell-Geländes 1940. 1941/42 wird hier der „Russenbunker“ gebaut mit Umkleideräumen für die osteuropäischen Zwangsarbeiter.

Die Brache hinter dem Wetzell-Feuerwehrgebäude um 1940. 1941 werden hier Hallen für den Schlauchbootbau errichtet. Wetzell-Firmenzeichen und -name auf dem Schornstein müssen wegen der „Luftgefahr“ entfernt werden.

Im Bergsteinweg wird 1939 eine Zweigstelle der Stadtsparkasse eingerichtet

Kohlenhandlung Oelkers in der Brauhausstraße,
am Tor Firmengründer Heinrich Oelkers

Spaziergang im Berghölzchen – an der Fahrstraße, die 1935 für den Besuch Adolf Hitlers im „Berghölzchen"-Restaurant gebaut wurde

vorherige Seite und unten: NSDAP-Kreisparteitag im Mai 1939 – die letzte Großkundgebung am Berghölzchen vor Kriegsbeginn.[9]

rechts: Blick vom Steinberg auf die Steinberg-Ziegelei an der Verlängerung des Ulmenwegs. Um 1939/40

links und rechts: In den Tonkuhlen am Steinberg, seit Jahrhunderten genutzt. Eine Lorenbahn führt von der hinteren südlichen Tonkuhle über die vordere (im Bereich der späteren HTV-Tennisplätze) zur Ziegelei. Um 1939/40

unten: Das Trillke-Gut – zu Kriegsbeginn von der Wehrmacht als Reserve-Lazarett beschlagnahmt. Um 1939/40

oben: Josef Schulte auf dem Heimweg zum Neuen Teiche. Juli 1939

rechts: Nationalsozialistische Siedlungspolitik zur Förderung der Volksgesundheit – 1933 wurde am Rottsberghang nach dem Konzept der Siedlung Glockenfeld I (1932, Siedlung links, mittlere Hausreihe) die Siedlung Glockenfeld II (Trillkestraße, obere Reihe) für Arbeitslose gebaut. 1935 entstand die „Gartenstadt Waldquelle“: Reihenhäuser mit Gärten für Berufstätige Am Neuen Teiche (untere Hausreihe). 1937

links: Schultes in der Gartenstadt Waldquelle – hinten von links Josef und Maria, rechts Robert, vorn von rechts Sofie, Emil, Lisa und Hans-Reinhard, den die Familie aus Klein-Bethlehem aufgenommen hat

unten: Lisa war immer eine Puppenmutti

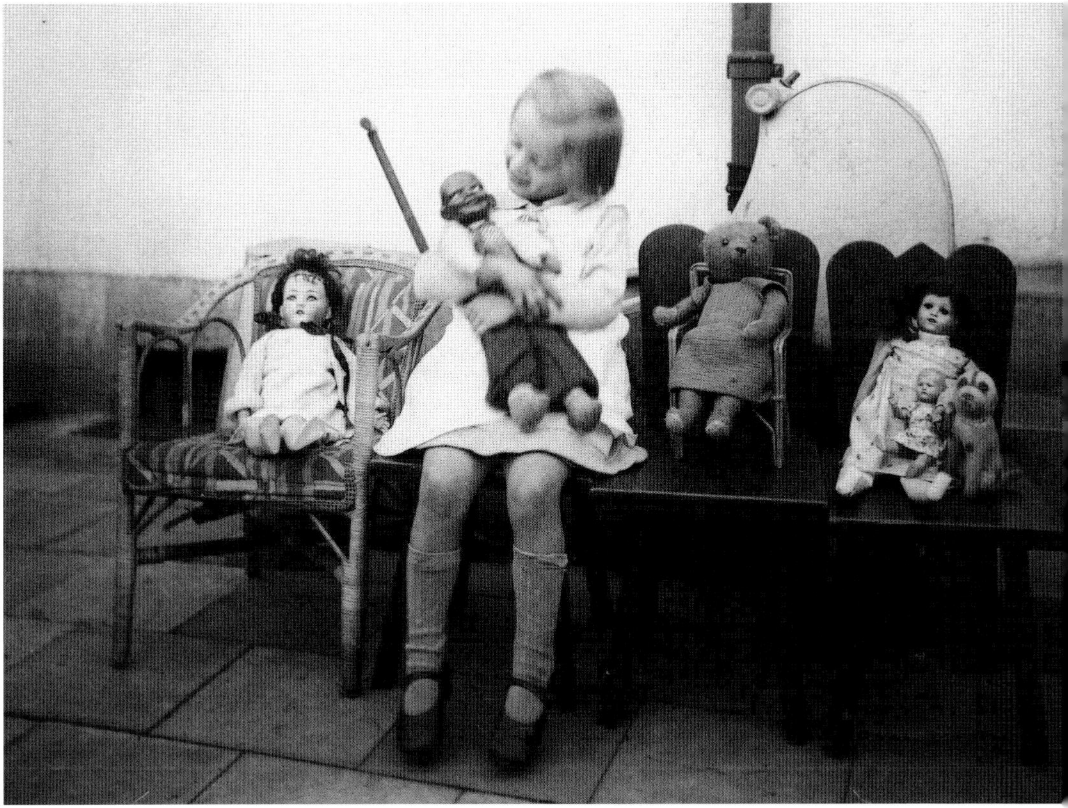

Von 1938 bis 1942 entsteht im Auftrag der Wehrmacht im Hildesheimer Wald einer der wichtigsten Rüstungsbetriebe Deutschlands: die ELFI-, später Trillke-Werke (Bosch). Hier werden Anlasser, Lichtmaschinen und Magnetzünder für Panzer, schwere LKWs und Zugmaschinen gebaut. Zur Erschließung des neuen Werks wird 1939 die Hildesheimer-Wald-Straße gebaut.

Von 1938 bis zur Fertigstellung des Lehrlingsbaus im Hildesheimer Wald ist die Lehrlingsabteilung der Trillke-Werke in der Carl-Peters-Straße, Nähe Hauptbahnhof, untergebracht. Elisabeth Ossenkopp *(links)* ist seit 1940 Mitarbeiterin in der Lehrlingsabteilung unter Ausbildungsleiter Emil Stoll *(unten)*.

Stadtblick vom Rottsberg, links die Triftstraße, mit Ulmen bestanden

Vor der NSDAP-Kreisschule am Rottsberg – vor 1937 Walderholungsheim, nach 1945 Jugendherberge. Mindestens einer der Schulungsteilnehmer in Zivil ist nachweislich Blockwart und führt Listen über die Mitgliedschaft jedes Bewohners einer bestimmten Straße in der NSDAP oder in anderen Parteiorganisationen. Ende März 1945 ist in der NSDAP-Kreisschule ungarische Waffen-SS einquartiert.[10]

Seite 84 – 89: Segelfliegen der Hitler-Jugend am Osterberg

Georg Fritsch

An diesem Baum zerschellte
am 26.11.1939 Hildesheim's
beste Maschine „Georg Fritsch"
gesteuert von dem erfolgreichen
Piloten Willi B.

links: Der Segelfluglehrer am Osterberg. – Die Jungen erarbeiten sich „Rutscher" und „Flüge". Der Gleiter wird mit zwei langen Gummiseilen in Schwung gebracht. Nach dem Rutscher oder Flug muss er wieder den Berg hinaufgezogen werden.

rechts oben: Der für den militärischen Einsatz entwickelte Lastensegler DFS 230, aufgenommen von einem Hof an der Moritzstraße. – Auf dem Hildesheimer Flughafen wird aufgerüstet und für geheime Luftlandeeinsätze trainiert.

rechts unten: Schleppflugzeug Junkers JU 52 über der Christuskirche – es soll die neue „Geheimwaffe" schleppen: Lastensegler für den Transport von Fallschirmspringern, z.B. für den Angriff auf Fort Eben Emael bei Maastricht[11]

unter der Regierung
Adolf Hitlers

links: Im Fliegerhorst – Paula Jungk am Telefon. Sie ist Mitarbeiterin von Bodo Kahmann in der Bauleitung der Luftwaffe am Flughafen.

unten: Dienstliche Besprechung vermutlich eines Bauvorhabens am Flughafen, vorn Paula Jungk

links: Eingang zur Fliegerbildschule auf dem Hildesheimer Flughafen. – Die Aufklärerfliegerschule, seit 1934 auf dem westlichen Teil des Flugplatzgeländes eingerichtet, zieht mit Kriegsbeginn aus dem „Fliegerhorst" aus und macht der Sturmabteilung Koch Platz. Die Fliegerbildschule auf dem östlichen Flugplatzgelände, die einzige ihrer Art in Deutschland, bleibt bis zum Einmarsch der Amerikaner im Mai 1945. In Lehrgängen werden hier zirka 15.000 Soldaten in der Aufnahme und Auswertung von Luftbildern ausgebildet.[12]

Die Kollegen der Funktechnik im Fliegerhorst feiern

Der Krieg

Wilhelm Strube

Vom Krieg bemerkten wir Kinder zunächst wenig. Statt sich ein Stück Kuchen von seinem Taschengeld zu kaufen, musste man nun Brotmarken, bald auch für Bonbons Zuckermarken hinblättern. Es gab plötzlich Magermilch. Sie schimmerte bläulich. Das Papier der Schulhefte wurde miserabel. Luftpumpen und Ventile wurden vom Fahrrad geklaut. Ersatz war kaum zu bekommen. Gegen Kriegsende wurden Tanzveranstaltungen verboten. Einer unserer Lehrer, mit Spitznamen Schellfisch, wollte uns die Eistüte aus der Hand schlagen, wenn er uns damit auf der Straße begegnen sollte.

Begeisterung kam nicht auf. Die Frauen weinten, wenn sie ihre Männer zum Zug brachten. Man tröstete sich gegenseitig. Der schnelle Vormarsch in Polen bestärkte die Hoffnung auf einen baldigen Frieden. Als aber die Franzosen und Engländer uns den Krieg erklärten, wurden viele nachdenklich. Der Nichtangriffspakt mit der Sowjetunion beruhigte dagegen etwas. – Ein Zweifrontenkrieg wie im Ersten Weltkrieg und die Hungerjahre und die Inflation würden nicht wiederkommen, dafür habe der Führer gesorgt. Es hieß, er habe alles einkalkuliert.–

Naja, uns Jungen erfüllten die Siegesmeldungen mit Stolz. Und man bedauerte schon, nicht mehr zum Einsatz kommen zu können, um sich ein EK oder gar Ritterkreuz zu erkämpfen. Dann erst war man ein richtiger Held, stand mit Bild in der Zeitung und wurde gefeiert. Wen reizte das nicht? Als ein ehemaliger Lehrling der Senking-Werke das Ritterkreuz bekam, wurde er von der Direktion und der versammelten Belegschaft geehrt. Die immer zahlreicher werdenden Todeskreuze schreckten zunächst nicht.

Wir besaßen ein leistungsstarkes Körting-Radio, denn meine Eltern legten großen Wert auf gute Musik. Ihm verdankten wir den ganzen Krieg über den Empfang auch der

„Feindsender“ aus West und Ost. Angst, dass uns ein Hausbewohner oder Nachbar verraten könnte, hatten wir nicht. Trotzdem wurden diese Sender sehr leise eingestellt.

Meine Mutter hatte am frühen Morgen von dem Angriff der Wehrmacht auf Polen gehört. „Jetzt geht das schon wieder los“, sagte sie zornig. „Das wird kein gutes Ende nehmen.“ Eine Nachbarin wollte noch „gute“ Seife hamstern, aber sie bekam nur Tonseife. „Das müssen die doch schon lange vorbereitet haben“, schimpfte sie, „und damit sollen wir nun unsere Wäsche sauber kriegen.“

Der Luftschutz, auf dem Berge wenig beachtet, wurde jetzt eifrig betrieben. Wir füllten schnell genähte Säcke mit Sand und stellten sie hinter die Kellerfenster. Gleich in der ersten Woche heulten die Sirenen. Alle Hausbewohner rannten in den Keller und lauschten ängstlich. Wir hörten ein Flugzeug, das brummend über uns hinwegflog. Blinder Alarm, hieß es später, wäre ein deutsches Flugzeug gewesen.

Unser Klassenlehrer Koch von der Mittelschule am Pfaffenstieg wurde eingezogen. Er kam nach dem Feldzug gegen Polen als Leutnant und mit dem EK zweiter Klasse zurück und berichtete von seinen Erlebnissen. Mir blieb nur eines in Erinnerung: dass sie zwei junge Leute in Zivil, die im Straßengraben gelegen hatten, erschossen hätten. Es wären Juden gewesen.–

Beim Angriff auf Frankreich fiel unser Klassenlehrer.

In Gefahr

Franz-Josef Oelkers

Mein Vater war wegen seiner Herzkrankheit kein Soldat, musste aber alle sechs Monate zur Musterung und wurde 1943 ausgemustert.

1942 war er auf dem Güterbahnhof im Waggon und wog Briketts ab. Der Kutscher brachte gerade eine Fuhre zur Brauhausstraße. Plötzlich hörte er Autos bremsen, Kommandos, Rufen und Getrappel. Er sah durch die Ritzen der Bretterwand SS-Einheiten den Bahnhof abriegeln und die Römerringbrücke besetzen, jeder SS-Mann mit einer Maschinenpistole im Anschlag. Das Bahnpersonal wurde eingesperrt, so dass keiner auf den Bahnhof sehen konnte. Mein Vater versteckte sich hinter den Kohlensäcken und wurde nicht gesehen. Nach einiger Zeit wurde ein Güterzug zwei Gleise entfernt eingeschoben. Die Waggons voll mit Juden aus Frankreich, wie er an ihrem Rufen nach Wasser merkte. Nach cirka einer Stunde verließ der Zug den Bahnhof wieder und die SS verschwand so schnell, wie sie gekommen war.

Mein Vater erzählte nur meiner Mutter und meiner Großmutter, in welcher Gefahr er geschwebt hatte und was er gesehen hatte. Aber sie mussten ihm vorher versprechen, niemandem etwas zu sagen. Hätte man ihn entdeckt oder hätte jemand geredet, wäre es ihnen wohl wie den Juden ergangen.

1941/42

Februar 1942: Der HJ-Trommelzug marschiert aus der Friesenstraße. In das ehemalige Aussteuer-Geschäft von Fröhlich und Co. (Bildmitte) ist Firma Schmidt eingezogen. Wenige Wochen später, am 27. März 1942, werden bei der ersten Hildesheimer Judendeportation vier Personen aus der Friesenstraße 20 verschleppt. – In Albert Sterns Haus Friesenstraße 3/4 wohnen jetzt mehrere jüdische Familien und Einzelpersonen zwangsweise zusammen – es ist zum „Judenhaus" geworden. Ende Juli 1942, bei der zweiten Deportation, werden hier 16 Personen – darunter Albert Stern – abgeholt und ins KZ Theresienstadt gebracht.[13]

Im nördlichen Friesenstieg mit Blick auf den „Wiener Hof“ in der Friesenstraße. – Im Friesenstieg 16 (links vom Standort des Fotografen) hatte die jüdische Witwe Friederike Goldzieher ein Schuhgeschäft. Am anderen Ende des Friesenstiegs, in Nr. 9, wohnte der jüdische Kaufmann Harri Popper, er handelte mit Schuhen. In Nr. 13 führten Sally und Gerhard Fleischhacker ein Konfektionsgeschäft. Auch Frau Goldziehers Haus wird zum „Judenhaus“. Im Juli 1942 werden hier mindestens acht Personen für den Transport ins KZ Theresienstadt abgeholt.[14]

Seite 102 – 106: Die erste Deportation von jüdischen Hildesheimern am 27. März 1942. Auf dem Hof der Polizeischule an der Straße der SA (Kaiserstraße) werden die Menschen für den Transport nach Hannover-Ahlem gesammelt, von dort geht ein Zug ins Warschauer Ghetto.[15]
oben: In der Reithalle werden alle Wertsachen – bis auf Eheringe – beschlagnahmt.

628

Nach der Deportation: Der Friesenstieg, früher eine lebhafte Geschäftsstraße, wirkt verwaist. Das „Judenhaus“ von Friederike Goldzieher, Nr. 16 (Bildmitte), steht jetzt leer.[16]

links: Nach der Deportation? – Albert Sterns ehemalige Adresse Friesenstraße 3/4: Bonhoff & Strüver arbeitet im Erdgeschoss und in der ersten Etage von Nr. 3. In Nr. 4 befindet sich ein Restaurant – optisch angepasst an den benachbarten Wiener Hof, ein Hotel ersten Ranges – „altdeutsch à la Hildesheim".

rechts: Die HJ sammelt fürs Deutsche Rote Kreuz (DRK) – mit Fanfaren an der Jakobikirche

unten: Hitler-Jugend im Einsatz: „Und wenn wir durch die Stadt gehen, dann wird aber zackig gesungen!" HJ-Dienst war immer mittwochs- und samstagsnachmittags.

Wir spielen
für d
Zeitunge
und
Zeitschrif
für die verwundeten S
in
Hildeshein
Lazarett
NSDAP.
Kreisleitung Hildes

WULFELER BIER

links: Helmut Lambrecht sammelt an der Almsstraße, Ecke Jakobikirchgasse – im Kostüm vom Stadttheater

oben: Noch einmal Spendensammlung – mit Fahrrad und Fanfare am Katzenbrunnen auf dem Neustädter Markt. August 1942

oben: Hildas Pflegevater Fritz Stolte, Schriftsetzer und Buchdrucker, wird 1941 zur Wehrmacht eingezogen. – „Vater war Metteur und Lehrlingsausbilder beim Hildesheimer Beobachter. Aufgrund seiner Position musste er in die SA eintreten. Als alter SPD-Mann hat er sehr darunter gelitten. Wenn wir sonntags zur Messe in die Godehardikirche gingen, musste er zum SA-Dienst – seinen Ärger darüber haben wir oft zu spüren bekommen."

links: Der Betriebs„führer" (Verlagsleiter) der nationalsozialistischen Tageszeitung „Hildesheimer Beobachter", Ernst Dyck, hat die Frauen der Mitarbeiter aus seiner „Gefolgschaft" (Belegschaft), die „im Krieg" sind, zum Kaffee eingeladen. Vorn rechts Else Stolte, Ehefrau von Fritz Stolte und Pflegemutter von Hilda.

Kreisleiter Egon Vetter (rechts) und Oberbürgermeister Krause auf dem Hauptbahnhof: Ein Lazarettzug fährt ein

Im Vorderen Brühl mit Blick auf St. Andreas. Hier wird Essen mit dem Handkarren transportiert – zu Kriegsbeginn wurden fast alle Autos beschlaghnahmt. Die letzten Privatwagen dürfen nur mit Sondergenehmigung fahren, Benzin ist rationiert.

links: Auf dem Domhof im Oktober 1942: Die Canta Bona, die mächtigste der Hildesheimer Kirchenglocken, wird abgeholt – als „kriegswichtiges Material“ beschlagnahmt. Als einzige der Domglocken kommt sie nach dem Krieg nicht zurück – vermutlich wurde sie eingeschmolzen.

oben: In der Burgstraße mit Blick auf St. Michael

links: Luftschutzübung von Mitarbeitern der Firma Mann, hier in der Michaelisstraße mit Blick Richtung Stadtmitte auf das Eckhaus am Langen Hagen, die ehemalige Broyhan Brauerei

rechts: Im Durchgang zum Hof der Firmengruppe Mann: Druckerei, Molkerei-Fachverlag und Handel für Molkerei-Bedarfsartikel zwischen Michaelisstraße und Hagentorwall

links: „Tante Lisa“, eine der jungen Frauen, die ihr „Pflichtjahr“ in Klein-Bethlehem ableisten, mit einer Heim-Kindergruppe

rechts: Käthe Kollmann in Klein-Bethlehem mit ihrem Liebling, dem „Flitzerchen“. Hinter den Gartengebäuden verläuft der Wohl.

In Klein-Bethlehem wohnt auch ein „Zigeunermädchen“ (links) – hier auf einem Ausflug zum Wohldenberg und nach Henneckenrode

Eingang von der Klosterstraße zum Michaeliskloster. – Im Rahmen des geheimen Euthanasieprogramms „Aktion T4“ werden im März und April 1941 zirka 440 Patienten aus den Hildesheimer Anstaltsabteilungen verlegt und sehr wahrscheinlich getötet. – Ab Ende 1942 baut die SS hier eine Schule für ausländische Waffen-SS auf, in der Kriegsgefangene umerzogen werden.[17]

Die Süsternstraße
geschmückt

Familie de Lorenzo („Eis-Onki“) mit Freunden im Garten des „Georgenpark“, ganz links Ezio de Lorenzo. – „Vater hat den Leuten, wo er Gefahr sah, jeden Sonntag zum Nachtisch gratis Eis geliefert.“ September 1941

Josef Schulte
lernt Tischler bei
Karl Marting am
Alten Markt.
Mai 1941

Im Auftrag der Kriegsmarine werden bei Wetzell Bootshallen gebaut.
Die Wege zwischen den Gebäuden werden in Handarbeit befestigt. 1941

Eine Halle für den künftigen Schlauchbootbau von innen.
Die Boote für den Torpedo-Transport werden bis zu 14 Meter lang. 1941

Wache 4 der Wetzell-Werksfeuerwehr im Mannschaftsraum – Zweiter von rechts: Wilhelm Prinz junior. Erst vier, später sechs Wachmannschaften wechseln sich in der täglichen Nachtbereitschaft ab und schlafen auf dem Werksgelände. 1941

Sog. „Westarbeiter“ vor ihrer Wohnbaracke im Direktionsgarten auf dem Wetzell-Werksgelände. Auch die „Westarbeiter“ arbeiten häufig aufgrund von direktem oder indirektem Zwang in Deutschland. Für die verschiedenen Fremd- und Zwangsarbeiter-Gruppen ist je nach Volkszugehörigkeit und Wertschätzung der „Rasse“ unterschiedliche Unterbringung, Verpflegung, Bezahlung und Bestrafung vorgeschrieben. Die Russen stehen an unterster Stelle der Hierarchie.

Die „Chirurganten“, befreundete Kollegen des Wetzell-Verkaufsbereichs Chirurgie, bei einer privaten Feier mit Besuch von der Front: einem Leutnant auf Heimaturlaub. „Verkaufsgebiet Chirurgie“, eine Definition aus Friedenszeiten, ist zur willkürlichen Bezeichnung geworden – auch Schlauchboote für die Marine gehören dazu. Produziert wird nur noch für den Krieg. Januar 1942

oben: Bei Wetzell ist Betriebssport angeordnet – Jacken und Hüte sind abgelegt

rechts: Und alle machen mit – vornweg Direktor Henking (3. von links)

links: „Mama nach dem Kriegshilfsdienst." – Anfang 1943 schreibt Ehemann Glitz an Tochter Eri: „Also höchste Hilfsbereitschaft, freiwillig, lieb und aufmerksam der Mutti schenken. Trage damit auch Du dazu bei, daß wir den Krieg nicht verlieren und elend zu Grunde gehen, sondern einst den Sieg erringen!"

rechts: Die Kinder aus der Obergstraße fahren im Berghölzchen Schlitten. Bernd Rühles Mutter ist Jüdin – „sein Vater durfte deshalb zum Dienst im Fliegerhorst nicht die Uniform anziehen".

„Dieses Foto hat Vati an der Front in der Brusttasche getragen". 1942

links: Geburts-
tagsmorgen in der
Obergstraße 5.
8. Juni 1941

rechts: Scharn-
horstschüler
Wilfried Kaufmann
mit 15 Jahren in
HJ-Uniform. 1942

Sommer in der Gartenstadt Waldquelle, Josef in der Mitte, Sofie rechts. 1942

rechts: Sofie und Cousine Ebbeth im Hof Am Neuen Teiche: Schuhputz für die ganze Familie. 1941

links: Nachmittags in der Gartenstadt: Handarbeiten bei Tante Mühe

links: Helmut trägt die grün-weiße Kordel mit Stolz – sie zeigt, dass er Fähnleinführer in der HJ geworden ist. „Der Fotograf sagte, ich sollte mal feurig gucken."

rechts: Der HJ-Fanfarenzug trainiert auf der Brockenblick-Wiese am Galgenberg

Gesundes Leben für Industriearbeiter-Familien soll die Siedlung Hildesheimer Wald ermöglichen – und die kriegswichtige Industrieproduktion absichern. Die nationalsozialistische Mustersiedlung entsteht bei den ELFI-/Trillke-Werken – zur Tarnung im dichten Eichenwald. 1942 ist der erste Siedlungsabschnitt fertig, die meisten Wohnungen im Feuerbacher Weg werden in diesem Jahr bezogen.

links: Im Führerinnen-Schulungslager an der NSDAP-Kreisschule auf dem Rottsberg. 1941

unten: Im Rottsberg Heilkräuter gesammelt. 1941

oben: „Wir Mädchen wurden auch nicht geschont" – Abmarsch von der NSDAP-Kreisschule am Rottsberg zur Sedanstraße, um siegreich heimkehrende Fallschirmspringer (nach der Eroberung Kretas) mit Blumen zu empfangen. 1941

links: Im Pflichtjahr am Wanderlehrgang für Melken und Viehpflege teilgenommen – Hilde Kamps (Mitte) aus Hildesheim im Landdienstlager bei Göttingen. 1942

rechts: „Schuhappell" im Landdienstlager. 1. Mai 1942

Mitarbeiterinnen des Hildesheimer Fliegerhorstes im Harz – vielleicht auf dem Weg zum Urlauberheim der Fliegerbildschule in Altenau. Auch Soldaten der Luftnachrichtentruppe und Familienangehörige nehmen an dem Ausflug teil.

Vorn in der Mitte Paula Jungk und ihre Mitarbeiterin Gerda Wiedemann. Frau Jungk arbeitet spätestens Anfang 1943 im Archiv der Fliegerbildschule.

Empfang am Hildesheimer Hauptbahnhof für Urlauber vom Russlandfeldzug. Die Rückkehr in den Kessel von Stalingrad wird nach dem Urlaub nicht mehr gelingen. Dezember 1942

Die neue Personenwagen-Kriegsserie? – Güterwagen werden umgerüstet für die Personenbeförderung.[18]

oben: „Lieber freiwillig zur Wehrmacht als gezwungenermaßen zum Arbeitsdienst" – vier junge Männer aus Stadt und Landkreis auf dem Weg nach Hameln zum Infanterieersatzbataillon, rechts Seppel Meier aus Barienrode. – Das Pflichtjahr im Arbeitsdienst erscheint als verschwendete Zeit, bei der Wehrmacht gibt es mehr Sold. Oktober 1940

unten: Der erste Schock auf dem Weg an die Front: Zwischen Düna und Cilki trifft Seppel Meier auf das Grab von Oblt. Schnass SS – seinen früheren HJ-Führer. Juli 1941

Schweigen und Schlucken

Ezio de Lorenzo

Ich kannte auch einen Juden namens Julius Stern im Hohen Weg, er wohnte in der Altstädter Stobenstraße zwischen den heutigen Geschäften Woolworth und Koch. Dort ging ich ab 1942 des Abends hin, zu einer gewissen Zeit, und brachte ihm Lebensmittel. Julius Stern war Textil-Ambulanthändler, er verkaufte Stoffe, Textilien an der Haustür. Er hatte einen Rucksack mit Ware drin und ging von einer Tür zur andern. Meine Mutter kannte ihn, weil er vor dem Kriege häufig zu uns kam und ihr Kurzwaren verkaufte. Während des Krieges konnte er nicht mehr kommen. Wir trafen uns in der Straßenbahn – ich fuhr nach Hannover – und ich übergab dort versteckt des Morgens ein Frühstück, was meine Mutter mir fertiggemacht hatte.

In der Straßenbahn trug er schon den gelben Stern, da musste man vorsichtig sein. Es waren immer dieselben Leute morgens in der Straßenbahn. Da war schon eine gewisse Spannung. Er hatte sein Judenzeichen mit dem großen Revers so'n bisschen zugedeckt, man sah es nicht. Wir wussten es alle, aber wir haben geschwiegen. Er stieg in Ahrbergen aus und ging in die Muna, Munitionsfabrik. Soweit mir bekannt ist, hat er dort gearbeitet.

Abends, wenn verdunkelt war, brachte ich ihm Lebensmittel von meiner Mutter nach Haus. Wovon sollte er sich ernähren? Geld hatten die Juden ja nicht mehr. Kaufen? – Es war Krieg, es gab nur etwas gegen Marken. Deshalb haben wir ihn unterstützt, soweit es in unserer Kraft war, aber immer mit Vorsicht. Wir versuchten, diesen Leuten zu helfen; es waren Geschäftsleute wie wir. Aber wir mussten uns einigermaßen reserviert halten, um nicht aufzufallen.

Stern war damals in den fünfziger Jahren, also nicht mehr der Jüngste. Ich war knapp 24. Es waren zwei Kinder da, aber ich habe sie nie gesehen. Wir gaben ein Klopfzeichen, kein Klingelzeichen, und dann übergab ich ihm die von der Mutter gegebenen Waren. Ich selbst musste aufpassen, dass mir keiner folgte, und Winkelzüge machen, um dorthin zu kommen. Ich hatte damals noch den Mut dazu. Ich hab's überstanden, ich war jung.

Und dann war Stern eines Tages nicht mehr da, man sah ihn nicht mehr. Als ich ihn des Morgens nicht mehr in der Straßenbahn traf, versuchte ich, ihn aufzusuchen, bekam aber keine Nachricht auf unser Zeichen, auf mein Klopfen. Nichts, weg, vollkommen tot, alle weg. 42/43, als die Geschichte in Stalingrad war, habe ich den Herrn Stern nicht mehr erreichen können. Entweder man hat ihn weggeholt, weggeschleppt – ich weiß es nicht, ich bekam keinen Kontakt mehr. Man fragte nicht – das Fragen war schon gefährlich. Wenn man nur fragte: „Wo ist der und der geblieben?“ oder: „Hast du den noch gesehen?“ – das war schon zu viel.

Von Vaters Kontakten zu Juden habe ich nicht viel mitbekommen. Einige bekannte Gesichter, Personen, von denen ich wusste, es waren Juden, kamen immer hinten über den Hof. Man pflegte nur eine geschäftliche Verbindung, keine persönliche oder familiäre Verbindung, weil die Sache zu heiß war. Vater bemühte sich, möglichst guten Kontakt zu allen zu halten, aber nicht sehr persönlich. Es war mehr oder weniger ein geschäftlicher Ablauf – Kaufen, Verkaufen. Wir pflegten seinerzeit mehr den nationalsozialistischen Parteiangehörigen. Der wurde bestochen – nachmittags mit Eis. Man lieferte dorthin gratis als Dankeschön: „Nun bleib man ruhig“.

Es war damals für einen Fremden nicht so einfach, wir betrachteten uns ja nicht als Hiesige. Ich war zwar Hildesheimer. Man achtete uns, man sagte „Guten Tag“, man sagte auch „Heil Hitler“ – alles schön und gut, aber wir waren eben Fremde. Man musste sich den Gewohnheiten anpassen, man durfte nicht aus der Reihe tanzen. Schweigen, schlucken, genügsam sein und nur das Geschäft im Auge behalten.

Das Beschäftigungsverbot

Franz-Josef Oelkers

Seit 1942 arbeiteten bei meinem Vater zwei Ukrainer, die im Reich dienstverpflichtet waren, Johan 18 und Michel 24 Jahre. Sie konnten anfangs kein Wort Deutsch, lernten aber schnell sich zu verständigen. Im Winter 43/44 kamen sie zu meinem Vater und zeigten ihm ihr Essen, das sie in einer Großküche für Fremdarbeiter bekamen. Eine Wassersuppe mit ein paar Kartoffelstückchen. „Bei dem Essen könnt ihr nicht arbeiten", sagte er, „gebt mir eure Essensmarken und esst mit uns." Von da an aßen sie mit uns das gleiche Essen. So gut und schlecht, wie es im Kriege war. Im Mai 1944 brachten sie Frau B., einer Lehrerin in der Brauhausstraße 40a, Kohlen. Sie wurden gefragt, ob sie es gut hätten bei meinem Vater. Die beiden antworteten arglos: „Ja, Chef gut. Gibt uns Essen, in Stadt Essen schlecht."

Die Frau hielt es für ihre nationalsozialistische Pflicht, meinen Vater anzuzeigen. Kurz darauf erhielt er ein Schreiben der NSDAP. Es lautete: „Aus sicherheitspolitischen Gründen dürfen Sie ab sofort keine Fremdarbeiter mehr beschäftigen. Die bei Ihnen Beschäftigten haben sich sofort bei der Behörde zu melden."

Er hatte nun keine Arbeiter mehr. Edmund Gieseke von der Dingworthstraße, der schon fast 70 Jahre alt war und bis zu seiner Rente bei meinem Vater gefahren war, erklärte sich auf seine Bitte bereit, ihm zu helfen.

1943/1944

rechts: Kutscher Gieseke und der ukrainische Zwangsarbeiter Johan auf dem Kohlenwagen der Firma Oelkers, davor Hanko und Liesel – nicht kriegstauglich

links: Gemeinschaftsverpflegung von jungen „Ostarbeitern“ in einem Hildesheimer Betrieb. Das Foto, in offiziellem Auftrag entstanden, soll offensichtlich die gute Versorgung der Russen (mit Aufnäher „Ost“ auf dem Ärmel) und Polen (Aufnäher „P“) demonstrieren. – Von 1943 bis Kriegsende nimmt die Zahl der ausländischen Männer und Frauen, die aus den besetzten Gebieten nach Deutschland verschleppt und zur Arbeit in kriegswichtigen Betrieben gezwungen werden, enorm zu. In vielen Betrieben machen die Zwangsarbeiter die Hälfte der Belegschaft aus.

Frauen tragen die Hauptlast im privaten und öffentlichen Leben – sie ersetzen zu weiten Teilen die Männer in den Betrieben und Verwaltungen. Nach der Niederlage in Stalingrad werden sie noch stärker eingespannt. – Agnes Günther (rechts) arbeitet jetzt in einer Frauenklinik.

Nach Mittlerer Reife und Zimmermannslehre wollte Kuddel Laue Architekt werden. „Der Führer machte mir einen Strich durch die Rechung, ich wurde dienstverpflichtet nach Helgoland und dann 1940 zur Marine eingezogen." Im Dezember 1943 wird Laue in Rotterdam zu zwei Jahren Gefängnis verurteilt – wegen „Zersetzung der Wehrkraft", „Untergrabung der Manneszucht" und „Ungehorsam". „Die sollen doch Schluss machen mit dem verdammten Krieg", hat er laut geäußert und: „Den Krieg gewinnt Russland und kein anderer". Er wird in eine Feldstrafabteilung versetzt. In Ungarn flüchtet er, wird aufgegriffen und im Sommer 1944 von einem Kriegsgericht zum Tode verurteilt. „Bedingt begnadigt" landet er im Februar 1945 als politischer Häftling im KZ Mauthausen bei Linz. Am 5. Mai 1945 wird das Lager den einrückenden amerikanischen Truppen übergeben.

Das letzte Familienfoto von Hilda (rechts) – mit Pflegemutter Else Stolte und Schwester Edith. Hilda muss sich jetzt jede Woche im Hermann-Göring-Haus melden. Am 1. März 1943 wird sie, zwölfjährig, von zwei Gestapo-Beamten zu Hause abgeholt und mit einem anderen Sintimädchen und zwei Hildesheimer Sintifamilien ins „Zigeunerfamilienlager" nach Auschwitz transportiert. „Mutter lief zu Vaters Chef beim Hildesheimer Beobachter und bat ihn um Hilfe. Dyck telefonierte bis ins Führerhauptquarter – es half nichts." Überliefert ist die Nummer, die Hilda eintätowiert wurde – Z-563 – und ihr Todesdatum im Totenbuch Auschwitz: der 14. Juni 1943.[19]

Flüchtlinge gibt es schon seit Kriegsbeginn: Familie Körber wurde aus dem Saarland evakuiert und hat in Klein-Bethlehem gewohnt, jetzt zieht sie aus. Am Abschied nimmt das Sintimädchen aus dem Mädchenheim (3. v. links), vermutlich Franziska Gumann, teil. Zu einem späteren Zeitpunkt wird sie von der Gestapo abgeholt und verschleppt – wahrscheinlich zusammen mit Hilda Stolte nach Auschwitz.[20]

Aufmarsch mit HJ-Fanfarenzug, vermutlich an der SA-Kaserne Zingel 10, Ecke Rathausstraße, bis 1938 Handwerkerschule

Vor dem katholischen Pfarrheim in der Bergstraße. 9. Mai 1943

Im „Kriegseinsatz der Hitler-Jugend“ als „Lazarett-Betreuerin“: Jungmädchen mit Kriegsverletzten vor dem Trillke-Gut-Lazarett. 1943

rechts: Auf dem Grünstreifen der Mittelallee, jetzt „Horst-Wessel-Allee“, sind „Deckungsgräben“ angelegt – sog. Splittergräben mit dünnen Decken aus Beton-Fertigteilen, die bei einem Bombentreffer zum Massengrab werden können

links: Scharnhorstschüler Wilfried wird mit 16 Jahren zum „Kriegshilfseinsatz“ als Luftwaffenhelfer in Hannover verpflichtet. Seine „Luftwaffenhelfer-Klasse“ ist in Holzbaracken in einer Flakstellung untergebracht, soll dort laut Plan 18 Stunden Schulunterricht wöchentlich erhalten und ist zu Schulungen, Arbeitseinsätzen und der Bedienung der Flak-Geschütze verpflichtet. Weil sie zum Abschuss von mehr als 25 „Feindflugzeugen“ beigetragen haben, erhalten Wilfried und seine Klassenkameraden das „Kampfabzeichen der Flakartillerie“.[21] 1943

Oberstleutnant und Kommandeur Erhard Glitz auf Fronturlaub zu Haus
in der Obergstraße. 1943

links: „Vati zu Besuch aus Griechenland“

rechts: Weihnachten 1943: „Alle drei in Vatis Wolle gekleidet“. Die Männer an der Front sorgen für ihre Familien daheim – Glitz schickt durch Fronturlauber Honig und Öl aus Griechenland, Josef Schulte schickt Bohnenkaffee an die Eltern – Kostbarkeiten zu Zeiten der Lebensmittelrationierung.

Josef auf Urlaub Am Neuen Teiche – „Mama hat Apfelpfannkuchen gemacht, sein Leibgericht“. 1943

Drei Generationen auf der Gartenbank: Robert Schulte, „stud. phil., zur Zeit Wehrmacht“, mit Großvater Robert, Schneidermeister, und Vater Wilhelm, Tischler bei Senking

rechts und links: In der Lehrwerkstatt der Trillke-Werke. Von den ausgebildeten Lehrlingen profitiert Bosch erst nach dem Krieg – während des Krieges werden sie meist sofort nach Abschluss der Lehre zur Wehrmacht eingezogen.

oben: Mitarbeiter der Fliegerbildschule bei Fliegeralarm. „Wir wurden bei Alarm mit Bussen aufs Land nach Bavenstedt oder Drispenstedt gebracht – offiziell hieß das ‚Auflockerung'."

links: Am Krehlaberg wird gebuddelt – mit Eingang von der Straße Im Bockfelde entsteht ein Bunker. Alle verfügbaren Männer der Nachbarschaft sind nach Feierabend eingesetzt, vorn links August Steingrube, Wirt des „Braustüble" (später „Treppchen"), oben ganz links Willi Feuerhahn. 1944

Die Zuckerraffinerie brennt – Ausblick vom Krehlaberg vermutlich am 12./13. August 1944 nach einem Bombenangriff. In dieser Nacht wird die Fabrik völlig zerstört.

Silvio de Lorenzo wird wegen angeblichen „Schwarzhörens" – Abhören von „Feindsendern" – verhaftet und von November 1944 bis April 1945 im Godehardi-Gefängnis inhaftiert. „In der Öffentlichkeit hat man uns angedichtet, wir hätten einen Sender im Schornstein." [22]

Zur selben Zeit wird Dr. Topp aus der Königstraße inhaftiert. Eine Patientin hat ihn denunziert, weil er sich über die Benzinrationierung beklagte: „Wie soll ich mit so wenig Benzin die Patienten versorgen?" Dr. Topp kommt nicht nach Haus zurück, er wird vom Godehardigefängnis ins Michaeliskloster (Heil- und Pflegeanstalt) verlegt. Kurze Zeit später erhält seine Familie die Todesnachricht.[23]

Roberts Hochzeit, seine Eltern Marie und Wilhelm Schulte feiern gleichzeitig die Silberne Hochzeit. 14. September 1944

Roberts vorletzter Urlaub – er kommt nicht von der Ostfront zurück. Sein Bruder Josef ist Mitte Oktober 1944 in Rumänien gefallen.

Helmut, 17 Jahre alt, hat sich aufgrund seiner Einberufung als „freiwilliger aktiver Offiziersbewerber“ vom Andreanum zur Wehrmacht gemeldet. Ins vorzeitige Abschlusszeugnis hat er den „Reifevermerk“ bekommen: Der wird seit Oktober 1943 den Schulabgängern als Ersatz für eine Abiturprüfung ausgestellt und besagt, dass die Schulbildung zum Studieren ausreicht. 1944

Brief an Erhard

Erika Glitz

Hildesheim, den 11/10. 44

7.15 Uhr früh. Heute ist die Nebelglocke verschwunden u. das Leuchten geht bis zum Himmel u. wieder zurück zu uns. Zauberhafte Farben, unendlich zarter Wiederschein der bunten Blätter, stehen am Himmel. Und dabei ist die Sonne noch garnicht ganz da. – Sicher wird es heute nun aber auch wieder unruhig werden in der Luft. – ...

15.15 Uhr. Eben den Wehrmachtbericht angehört. Die Karte vom Balkan liegt neben mir. Ich weiß, daß jetzt eine schwere Zeit kommen wird, und die Ungewißheit wird sehr auf uns lasten. Doch will ich mich bemühen, tapfer zu sein und zuversichtlich. –

Vorhin brach die Sonne durch im warmen, hellen Schein, und nun sieht alles gleich anders aus. Wenn Uwelein aufwacht, gehe ich mit ihm nach draußen in den Steinberg. Unter den Bäumen wird es jetzt wunderschön sein. Klaus ist gerade zum Gärtner gegangen, uns ein paar Astern zu kaufen für unseren Tisch. Eri ist zur Schule, um sich im Geigenunterricht abzumelden. – Um Aachen toben die Kämpfe. Wir werden die Russ. hoffentlich zwischen Großw. u. der Theiß binden können. Churchill in Moskau. Ich möchte es fast als günstiges Omen ansehen, daß er auf den Kontinent herüberkommt, um seine Sache zu vertreten. Aber man kann es natürlich nicht wissen, welche Pläne gefaßt werden. Möglicherweise spielen Griechenland u. die Inseln der Ägäis eine Hauptrolle darin. – Eben Klaus' Schularbeiten nachgesehen, jetzt zu Uwe, der aufgewacht ist. Nachher arbeiten, wenn wir wieder zu Haus sind. – Liebe Gedanken gehen zu Dir.

17.15 Ach, Du, es war herrlich draußen. Der aufgeschlossene Uwe dazu, „Bümchen" pflückend u. schwatzend. Einen Eichenbruch fanden wir für Dich, mit 5 Blättern. Aber ich habe nur 2 abgelöst als Gruß für Dich. Auf dem Wege fand ich das einzige vierblättrige Kleeblatt, gerade im Augenblick, als ich mit Uwe von Dir sprach, denn wir gingen ja den gleichen Weg. Damals. Und Uwelein sagte gerade: „Setz wollen wir Vatich abholen“, da sah ich am Wegrand das Kleeblatt. Es war mir ein Gruß von Dir, Du lieber lieber Erhard. – Im stillen hoffe ich doch auf eine Möglichkeit, irgendwie Post von Dir zu erhalten in der Zeitspanne von etwa 3 Wochen. Bis dahin zwinge ich mich eisern zur Ruhe, ganz gleich, was der Wehrm. Ber. aus Deinem Gebiet zu melden hat. – Gegen 20 Uhr. Eben habe ich einen zwar kleinen, aber sehr guten Kartenausschnitt vom Südosten B's im Atlas gefunden 1:500 000! Ich habe mit der größeren Karte verglichen u. bin nun irgendwie beruhigter, da ich viele kleine Orte hier finden kann und das Gelände auch besser erkenne. Heute gehe ich früh zu Bett, lese aber vorher noch im „Wunschkind“. Ina Seidel ist von einer erstaunlichen Menschenkenntnis und versteht die kleinsten Regungen des Menschenherzens meisterhaft darzulegen.

12.10 am 12/10. 44. Seit einer halben Stunde bin ich wegen Alarms zuhause, gerade wird entwarnt, ich bleibe aber hier u. hole die fehlende Stunde lieber morgen nach. ... – Nachts gegen 4 Uhr hatten wir auch für etwa 1 1/2 Std. Alarm, sind aber oben geblieben. Ich träumte gerade ganz schrecklich von meiner Erschießung durch komm. Banden. O ich konnte sogar serbisch sprechen. Komisch. – Wenn man noch so sehr den Verstand walten läßt, bleibt es doch nicht aus, daß das Herz immer voller Erwartung ist. So geht es mir jetzt. Nur lasse ich mich nicht allzu sehr niederdrücken, weil ich mich ja ganz bewußt an einen festen Termin halte. Sollte auch er überschritten werden, dann – ja, dann muß ich mich aufs Neue zwingen zu Hoffnung und Zuversicht. Es muß ja gehen. –

Zajetschar von unseren Einheiten geräumt! Wo bist Du nur, Lieber? Es läßt sich so gar keine klare Frontlinie erkennen. Wenn ich nur erst weiß, wie es von K aus für Dich weiterging, damit diese Ungewißheit verflöße: Man lebt wieder nur von Wehrm. Bericht zu Wehrm. Bericht. – ...

Ganz innig küsse ich Dich.

Der Angriff

Wilhelm Strube

Ich hatte nach schwerer Verwundung und längerem Aufenthalt in verschiedenen Lazaretten Genesungsurlaub bekommen. Es war ein sonniger Tag, als in Hildesheim kurz vor 13 Uhr erst Vorwarnung, Alarm, Entwarnung, dann plötzlich ohne Vorwarnung Alarm gegeben wurde. Die Sirenen heulten Sturm, die Moritzberger eilten wieder zurück in die Splittergräben.

Wer noch vor dem Eingang stand, sah die ersten Flugzeuge „Christbäume“ (Zielzeichen) setzen, die über dem Bockfeld schwebten, und gleich danach Staffel auf Staffel über den Gallberg heranbrausen und die ersten Bomben auch, die in unmittelbarer Nähe einschlugen und panisches Entsetzen hervorriefen.

Das war die Hölle mit Heulen und Zähneklappern, mit Fluchen und Beten, mit Jammern, Flehen, Stöhnen wie am „Jüngsten Tag“. Der Boden unter den Füßen begann zu beben, Rauch drang durch die Brettertür, die der Luftdruck hin- und herwarf. Verspätete drängten hilfeschreiend in den Gang, tapsten durch die Dunkelheit und krallten sich irgendwo fest.

Es war wie im Trommelfeuer an der Front, diese Hilflosigkeit und der Gedanke an den nahenden Tod. Zwanzig Minuten dauerte das Inferno, dann sackte man in die Stille wie in ein großes Loch.

1945

In der Fliegerbildschule: Paula Jungk mit „Entwarnungsfrisur". „Alles nach oben gekämmt: Entwarnung, ein paar Locken, die darunter herausfallen, und wenn man rausging, ein Schal drum herum – das war eine Mode."

Vier- oder fünfmal täglich Fliegeralarm, Kinder, Haushalt und Kriegsdienstverpflichtung – die Frauen kämpfen an vielen Fronten. Manche ist schon Anfang 1945 ausgebombt, muss bei Verwandten unterkommen oder lebt in der Kleingartenlaube.

Am Neustädter Markt nach dem Bombenangriff am 22. Februar 1945. Die „Neustädter Schenke" ist heil geblieben, im Haus (links) daneben, Neustädter Markt 26a, sind Auguste und Georg Wehmeyer beim Angriff ums Leben gekommen. Als „Bibelforscher", d.h. Zeugen Jehovas, waren sie in den dreißiger Jahre mehrfach angeklagt und inhaftiert. [24]

Nach dem Bombenangriff: Blick vom Neustädter Markt auf das Geschäftshaus Kracht (Kurz-, Weiß- und Wollwaren), Goschenstraße 69

vorherige Doppelseite: Hildesheim nach dem verheerenden Bombenangriff vom 22. März 1945 (am linken Bildrand, Mitte: St. Godehard, in der rechten Bildhälfte unten: der Hauptbahnhof) – fast die Hälfte der Wohnhäuser, etwa 80 Prozent der Kirchen und der öffentlichen Gebäude und 50 Prozent der Industrie sind zerstört. 27. März 1945

rechts: Die Nordstadt zwischen Innerste und Steuerwalder Straße am 7. April 1945: oben Gut Steuerwald, rechts die Gallwitz-Kaserne – wie alle Hildesheimer Kasernen kaum beschädigt –, am unteren Bildrand, Mitte, VDM mit dem Italiener-Lager „6001" (im oberen linken Viertel des VDM-Geländes) und Baracken für polnische Zwangsarbeiter (im unteren rechten Viertel des VDM-Geländes) [25]

links: Der Hildesheimer Nordwesten am 27. März 1945 – auch die Zwangsarbeiterlager sind getroffen: in der unteren Bildmitte das Lager Pferdeanger in der Rundung von Hafenbahndamm, Innerste und Bückebergstraße, über der Bahnlinie nach Nordstemmen das Rechteck des „Russenlagers" Lademühle für Polen und Russen, rechts daneben die Zuckerraffinerie und Senking – total zerstört. Nach Norden (oben) schließt sich das VDM-Gelände (Vereinigte Deutsche Metallwerke) an.

Ausgebombt an der Stadthalle: Familie Prinz wohnt im Freien. Die geretteten Möbel stehen nach dem 22. März 1945 sechs Tage lang auf der Fahrbahn der Neuen Straße. 25. März 1945

Sigurd Prinz und ein Schulfreund, der seine Eltern sucht, inmitten der geretteten Möbel.
25. März 1945

Im Vorderen Brühl: das ausgebrannte Wohnhaus von Familie Prinz vor der Stadthalle, links der Eingang zum Stadthallen-Restaurant. 25. März 1945

Der Eingang zu den Festsälen der Stadthalle. Zuletzt waren hier drei Wochen lang jüdische KZ-Häftlinge aus Osteuropa untergebracht. Sie mussten am Güterbahnhof Trümmer räumen. 25. März 1945

Durchblick nach Westen im Erdgeschoss der Stadthalle. 25. März 1945

Die Reste von Schlachterei Gustav Lehne und Bäckerei Klingenberg
im Vorderen Brühl. 25. März 1945

Auf der Neuen
Straße an der
ausgebrannten
Stadthalle, oben
die Möbel von
Familie Prinz.
25. März 1945

Die Reste der kleinen Wohnhäuser unterhalb der Stadthalle, dahinter das ausgebrannte Mutterhaus der Vinzentinerinnen. 25. März 1945

Ein italienischer Internierter (Mitte) und osteuropäische Zwangsarbeiter im Vorderen Brühl. – Weit über 200 Zwangsarbeiter, oft selbst ausgebombt, werden in diesen Tagen willkürlich festgenommen und wegen angeblicher Plünderungen aufgehängt oder erschossen. 25. März 1945

Auf dem Marktplatz liegen Tote – es mögen beim Bombenangriff verbrannte, erstickte oder nach dem Angriff erhängte Menschen sein. Etwa 30 Ausländer – Italiener, Polen und Russen – werden zur Abschreckung von Plünderern Ende März 1945 auf dem Marktplatz erhängt. Der Galgen steht laut Augenzeugenberichten im Bereich jenseits des linken Bildrandes.

Aus einem Brief an die Presse

Sigurd Prinz

Bielefeld, den 27.03.1995

... Als die Trümmer sich soweit abgekühlt hatten, daß man wieder in die Innenstadt vorstoßen konnte, es kann am nächsten oder auch am übernächsten Tag gewesen sein, machten mein Freund und ich uns wieder auf die Suche nach seinen Eltern. Da, wo früher sein Haus gestanden hatte, befand sich jetzt nur eine Trümmerwüste, und wir konnten auch keinen Zugang zu den Hauskellern finden. ... Mein Freund und ich versuchten weiter in das Stadtzentrum vorzudringen, überquerten den Hohen Weg und gingen die Osterstraße entlang. Linker Hand hatten wir freien Durchblick auf die Rückfront des Tempelhauses und des Rathauses.

Als wir uns dem Rathaus von der Rückseite her näherten, vernahmen wir ein ganz eigentümliches Geräusch. Es hörte sich wie ein lautes Stöhnen oder Seufzen an und veranlaßte uns, der Ursache nachzugehen.

Als wir die Rathausstraße herunterkamen, entdeckten wir zwischen dem Rathaus und dem Tempelhaus eine Gruppe Gefangener, die von Soldaten bewacht wurden, die der Sondereinheit der SS, dem Sicherheitsdienst, angehörten, was dadurch kenntlich wurde, daß sie die Buchstaben SD als Aufnäher auf dem Ärmel trugen. Sie waren so aufgestellt, daß sie den Marktplatz nicht einsehen konnten. Bei den Gefangenen handelte es sich aus meiner Erinnerung um ca. 15 bis 20 Personen, von denen wenige Zivilkleidung trugen, die meisten eine dunkelgrüne Uniform, wie sie vom italienischen Militär getragen wurde.

Links auf dem Trümmerberg des Wedekind-Hauses stand eine Gruppe von vielleicht 50 Personen, Frauen und ältere Männer, die gebannt auf das Zentrum des Marktplatzes schauten. Neugierig erkletterten wir den Trümmerberg und wurden mit einem Ereignis konfrontiert, das sich bis heute in meine Erinnerung bildhaft eingeprägt hat.

Auf dem Marktplatz war zwischen dem Roland-Brunnen und dem Trümmerberg des Knochenhauer-Amtshauses ein Galgen errichtet. Er bestand aus einem Querbalken und zwei Pfosten, die so weit auseinanderstanden, daß drei Menschen nebeneinander Platz hatten. Schräg hinter dem Galgen stand ein Lastwagen mit offener Pritsche, den Motor Richtung Hoher Weg gerichtet, der zum Abtransport der Leichen dienen sollte.

Das Kommando vor dem Galgen führte ein SD-Mann, der in seiner Statur und in seinem Aussehen dem Typ eines Nazihenkers, wie er später in einschlägigen amerikanischen Filmen gern dargestellt wurde, vollkommen entsprach. Er war gut genährt, stiernackig von hellroter Gesichtsfarbe, den Kopf bis unter die Schirmmütze glattrasiert.

Er winkte die nächsten drei Opfer heran, denen dann vor dem Galgen die Hände gebunden wurden. Sie mußten auf eine einfache Holzkiste steigen, bekamen die Schlinge um den Hals gelegt, und dann warf der Henker die Kiste mit einem Fußtritt um. Damit nicht genug: er umfaßte das Opfer mit beiden Armen um die Hüften und zerrte noch einmal kräftig nach unten, um seiner Sache sicher zu sein. Vor dem Galgen lagen zwei Leichen, von denen eine ein Schild um den Hals hängen hatte, mit den Worten „wir haben geplündert“. Die andere Leiche blutete.

Ein älterer Mann neben mir sagte: „Bei einem der Plünderer ist das Seil gerissen, und er ist sofort Richtung Hoher Weg davongelaufen. Daraufhin ist einer der Wacheleute hinterhergelaufen und hat ihn erschossen. Das ist der, der da liegt und blutet.“ Ein anderer Mann sagte: „Im Mittelalter wurde einer, bei dem der Strick riß, begnadigt. Das gilt jetzt auch nicht mehr!“ Daraufhin mischte sich noch ein anderer Mann ein und sagte: „Nie im Leben glaube ich, daß diese Leute Plünderer sind. Sieh‘ dir doch die Soldaten in Uniform an! Nein, Plünderer sind das nicht, höchstens Politische“.

Auf diese Bemerkung hin blickte ich in die Richtung der Gruppe, die auf ihren Tod wartete. Der Mann, der in der Mitte der nächsten Dreiergruppe stand, hatte seine Handflächen aneinandergelegt, hielt den Blick gesenkt und bewegte die Lippen im Gebet. Ein SD-Bewacher erkannte das, ging auf ihn zu und trat ihn mit voller Kraft mit seinem Stiefel unter die betenden Hände. Über die Lippen des Gefangenen kam kein Laut, er ließ die Hände sinken und bewegte die Lippen im Gebet weiter.

Ich war erschrocken und entsetzt. Der Tod war uns in der jüngsten Vergangenheit wiederholt und in unterschiedlichen Formen begegnet. Noch nie hatten wir jedoch erlebt, wie ein Mensch gewaltsam, absichtlich und ohne Rücksicht auf seine Würde von einem anderen Menschen getötet wurde.

Mein Freund und ich, wir konnten den Anblick nicht länger ertragen. Wir schlichen uns davon, und nach wenigen Metern mußte sich mein Freund übergeben. „Ich habe wohl zuviel Rauch geschluckt", sagte er entschuldigend. Noch aus einiger Entfernung hörten wir wieder das eigenartige Stöhnen. Den Ursprung kannten wir jetzt: Immer wenn der Henker sich an sein Opfer hängte, stöhnten die Zuschauer auf. ...

Für den Endsieg

Franz-Josef Oelkers

Am Tag, bevor Hildesheim besetzt wurde, ging Herr Feuerhahn aus der Zierenbergstraße in SA-Uniform durch die Straßen und forderte die Frauen auf, für den Endsieg die Amerikaner aus den Fenstern mit Steinen zu bewerfen und mit kochendem Wasser zu überschütten. Als die Amerikaner dann kamen, war er für Wochen verschwunden und als er dann wieder auftauchte, war er nie ein Nazi gewesen.

links: Die Perlen der mittelalterlichen Stadt zerstört – St. Andreas

oben: Die Kreuzkirche

Der Mariendom

St. Michael

Ecke Andreasplatz-Hoher Weg: Die Brände haben die Mauerreste eines Turms aus dem 12. Jahrhundert freigelegt – vermutlich das erste Hildesheimer Rathaus[26]. Der Umgestülpte Zuckerhut ist zerstört, rechts der Kaufhausbau der Gebrüder Alsberg, später Schönenberg, dann – „arisiert" – Fiedler.

Durchblick vom Rathaus nach Westen

Der Löschteich auf dem Neustädter Markt – mit Wasser gefüllt. Die Feuerwehren mussten sich am 22. März auf eigene Faust – ohne koordinierende Befehlsstelle – durchkämpfen.

Am 7. April 1945 rollen die amerikanischen Panzer ein. Die kaum beschädigte (Bezirks-)Regierung am Bohlweg (hier nach 1946) übernimmt zunächst das amerikanische Militär, dann ab Ende Mai die britische Besatzungsmacht.

Vor Kriegsende, am Tag der Befreiung von Bergen-Belsen, wird Buchdruckermeister Gustav Hoppe durch die Hilfe eines Wachmannes aus dem Zuchthaus Hamburg-Fuhlsbüttel freigelassen. Nach neunjähriger Haft fährt er mit dem Fahrrad nach Hildesheim zurück – hier war er von 1931 bis 1933 in der Druckerei des sozialdemokratischen „Hildesheimer Volksblattes" angestellt. Nach dem Verbot der Tageszeitung im Februar 1933 und der Zwangsauflösung der Druck- und Verlagsgesellschaft arbeitete Hoppe mit Sozialdemokraten und Kommunisten an der Schaffung einer marxistischen Einheitsfront gegen die Nazis. Er war entscheidend am Aufbau der Hildesheimer Widerstandsgruppe „Sozialistische Front" beteiligt, bis er im Mai 1936 verhaftet wurde.[27]

In Freiheit: Italienische Zwangsarbeiter vor der Gallwitz-Kaserne am 15. Mai 1945. Die US-Armee hat dort ein Sammellager für die „DPs“ – Displaced Persons – eingerichtet, im Sommer 1945 werden die Rückreisen in die Heimatländer organisiert. – Einige Gruppen von DPs werden zunächst zum Schrecken vieler Deutscher in Stadt und Landkreis. Für das Unrecht, das ihnen in der NS-Zeit angetan wurde, rächen sie sich mit Raub und Schlägereien. – In den intakt gebliebenen Großbetrieben wie den Trillke-Werken und Wetzell-Gummiwerken ist die deutsche Belegschaft zunächst damit beschäftigt, Tausende von Zwangsarbeitern und -arbeiterinnen zu verpflegen.

Das Hinterhaus des „Georgenpark“ ist wieder bewohnbar. Im Keller läuft die Eisproduktion – für die Engländer. Für die Nachbarn zweigt Familie de Lorenzo ein bisschen Eis ab.
Ende 1945

Nach dem Berufsverbot durch die Nazis: Buchhändler Georg Scholz, früher Firma Borgmeyer, hat am 10. Oktober 1945 neu eröffnet – unter eigenem Namen. An der Zingel, Ecke Schwemannstraße, ist das Jagdhaus der Familie aus Diekholzen als Buchhandlung aufgebaut.

Mitglieder eines Entnazifizierungsausschusses vor Steingrubes Gaststätte (später „Treppchen") am Moritzberg. Zweiter von rechts: Anwalt Beitzen, Zweiter von links: Schoppe aus Groß Förste. – Einer der Herren sagte damals zum Fotografen Gustav Klare: „Um Gottes Willen das Foto nicht veröffentlichen. Das könnte noch einmal kippen – dann kommen wir alle ins KZ." [28]

Der Handwagen

Bärbel Rehberg

Mein Vater war im Herbst 1944 beim Minenräumen in Holland schwer verwundet worden – Verlust des linken Auges, der linken Hand und die Beine voller Splitter. Er flüchtete von Thüringen mit durchgeeiterten Verbänden vor den Russen. In Hildesheim kam er ins Trillke-Lazarett. Es war Mai. Oben blühten die Kirschen und unten das Wiesenschaumkraut und ich habe aus Gänseblümchen Kränze geflochten.

Überall wurden Flüchtlinge und Ausgebombte eingewiesen. Das kleinste Kämmerchen – auch wenn nicht beheizbar – wurde belegt. Jedes kleinste Fleckchen Erde wurde genutzt. Die provisorisch angelegten Gärtchen reichten bis an die Hecke vom Trillke-Gut. Es gab nicht mal einen Pfad von der Brehmestraße bis zum Steinberg. Man musste sich vorsichtig zwischen den Pflänzchen hindurchschlängeln. Nachts gab es Wach-Abordnungen. Jedes Hälmchen an den Böschungen gehörte den Ziegen- und Kaninchenzuchtvereinen.

Die Grundausstattung des Hofes hinter dem Haus bestand damals aus Sägebock, Hackeklotz, Haken, Wäsche- und Teppichstangen, Holzdiemen und manchmal einer Remise für das Luxusgefährt, den Handwagen, der meist altersschwach und klapprig war. Und doch – wir waren auf ihn angewiesen! Zum Beispiel, um aus den Bombentrichtern im Diekholzener Forst im sonst aufgeräumten Wald Brennholz zu holen. Wir kamen leicht auch durch die Beuster. Aber auf dem Rückweg musste unser hochbeladener Wagen erleichtert werden. Das Holz wurde mit hochgekrempelten Hosenbeinen herübergeholt und wieder aufgeladen. Nun ging's quer durch den Wald mit wackeliger Fracht bis zum Diekholzener Ehrenmal. Die steile Abfahrt war das Schlimmste an dem ganzen Unternehmen. Mein Vater drückte mit seiner einen Hand vorne die Deichsel zurück, während meine Mutter mit einem Knüppel, den sie in die Speichen schob, zu bremsen versuchte. Doch der Knüppel wurde immer kürzer. Mein Vater schimpfte und schwitzte, doch es nützte nichts und so rollte der Wagen die letzte Strecke allein bergab. Und dann lief auch noch ein Vorderrad wegen Austrocknung der Achse vom Wagen, so dass er kopflastig wurde und die ganze Fuhre nach vorn kippte. Über eine Stunde „badete“ das Rad in der Beuster, bis es so weit aufgequollen war, dass es seine Funktion wieder übernehmen konnte. Der Weg von Diekholzen bis zur Alfelder Straße mit hoch beladenem Handwagen und kaputten Schuhen war in der damaligen Zeit gar nicht erwähnenswert.

Nach dem Krieg hatten wir Kaninchen und Hühner. Da alles gestohlen wurde, baute mein Vater eine Alarmanlage. Er verband leere Blechdosen durch Bindfäden mit einem Brett. Die Dosen wurden auf dem Hühnerstall deponiert, das Brett davor. Wenn nun jemand die Hühner stehlen wollte und im Dunkeln auf das Brett trat, kamen die Dosen zu Fall und es gab einen Heidenlärm.

Im Herbst bei Nebel und Kälte, auch Frost, haben wir im einzigen Trainingsanzug Bucheckern gesammelt. Wenn wir ganz großes Glück hatten, konnten wir Handfeger und Kehrblech einsetzen. Dann wurden Ähren gelesen (gestoppelt) und gedroschen – im Sack mit Knüppel – und anschließend auf dem Damm im Hochwasserbett der Innerste durch den Wind und Auf- und Abschwenken des Sacktuches vom Kaff befreit. Einige Körner wurden für Kaffee geröstet.

Da mein Vater seinen eigentlichen Beruf, Maurerpolier, nicht mehr ausüben konnte, wurde er von der Stadt Hildesheim beim Flurschutz als Promenadenaufseher der „Pender“ beschäftigt. Die Kinder haben den Spitznamen seines Vorgängers „Huckarsch“, der hinkte, auf ihn übertragen. Zuerst trug er wegen des fehlenden Auges eine schwarze Augenklappe und hieß deswegen „Pender Kohlenklau“. Später riefen sie wegen seiner grünen Joppe: „Der Grüne kommt!“ Mit einiger Bitternis konstatierte er manchmal: „Die habe ich im Krieg verteidigt, dafür habe ich meine Knochen hingehalten.“

Hunger und Not

Franz-Josef Oelkers

Nach dem zweiten Weltkrieg machte mancher aus Not etwas, was er sonst nicht getan hätte. Viele hatten Tiere. Hühner, Kaninchen, Schweine und Ziegen. Nichts aber war sicher. Es wurde geklaut, was nicht niet- und nagelfest war. Mein Vater bekam einen Waggon Kohlen, der von 400 Zentnern nur noch 150 übrig hatte. Als er bei der Bahn reklamierte, um nicht die fehlenden Kohlen bezahlen zu müssen, wurde der Waggon zum Wiegen nach Lehrte geschickt. Als er wieder zurück war, waren es nur noch 17 Zentner.

1946 – Mitte 1948

Vor St. Andreas die Schienen der Trümmerbahn auf dem Hohen Weg

Der Marktplatz aufgeräumt – die Ruinen werden zentral bewirtschaftet. Die Großräumung des Stadtkerns nimmt keine Rücksicht auf Privateigentümer. Sie dürfen das Material ihrer zerstörten Häuser – Steine, Dachziegel, Heizkörper usw. – nicht selbst verwenden.

links: Die Tausendjährige am Dom grünt wieder

rechts: Der Pfaffenstieg geräumt – der Torbogen links war früher der Eingang zum katholischen Gesellenhaus. Beim Wiederaufbau wird der öffentliche Bürgersteig durch den Bogen hinter die Mauer geführt.

vorherige Doppelseite: Blick vom hinteren Wohl über das Gelände der Landes-Heil- und Pflegeanstalt, ganz rechts vor der Michaeliskirche die Ruinen von Klein-Bethlehem an der Klosterstraße, links von der Kirche die Reste des Michaelisklosters. – Aus St. Michael wollte die SS 1943 ein „Wotans-Heiligtum" machen.[17]

links: In der Goschenstraße bei St. Lamberti

rechts: Klaus, Vollwaise aus Ostpreußen, auf dem Schulweg Ecke Bahnhofsallee-Kaiserstraße: „Wenn in der Schule etwas schief ging, waren die Flüchtlinge schuld“. Die hohe Zahl der Flüchtlinge und Heimatvertriebenen, die ab Anfang 1946 in der stark zerstörten Stadt eintreffen, belastet die Kommune enorm.

oben: „Den Mantel, den ich auf der Flucht aus Ostpreußen anhatte, haben uns in Steuerwald die Mäuse zerfressen – da hab' ich diesen Mantel für Frank draus gemacht"

unten: Gustav Hoppe, der sozialdemokratische Widerstandskämpfer, tritt in die KPD ein. Sein Grund: Wie viele Hildesheimer Sozialdemokraten strebt er den Zusammenschluss von SPD und KPD an. Die britische Besatzungsmacht und die SPD-Führung der britischen Zone lehnen den Zusammenschluss ab. 1946 ist Hoppe Abgeordneter der KPD im Hildesheimer Bezirkslandtag.[29]

In der Süsternstraße vor der alten Klostermauer:
Die vier Brüder Wagenknecht packen an.

Ausfahrt von der Johannisstraße in die Dammstraße, rechts hinten die Häuser jenseits der Innerste an der Bergmannstraße. Dammann produziert wieder – Anhänger werden dringend gebraucht.

oben: Nach der Trauung – eine Hochzeitsgesellschaft auf dem Heimweg in der Ludwigstraße. An den Hauswänden sind noch die Bombenschäden sichtbar, über dem Kellerfenster der Pfeil, der den Notausstieg für Luftschutzkeller kennzeichnet.

links: Emil Schulte (links) auf Fahrt mit der St. Mauritius-Kirchengemeinde

Mit dem Schlitten zur Kirche – Hochzeit in Himmelsthür im strengen Winter 1946/1947

In der Obergstraße: „Alles überstanden – und Vati aus dem Internierungslager zurück“. Eri hat ihren Vater, der als Oberst der Wehrmacht von den Briten als Kriegsverbrecher eingestuft wurde, oft im Lager in Goslar besucht. September 1946

An der Zingel entstehen Behelfsbauten für Geschäfte: Militärbaracken hinter einstöckigen Fassaden. Juwelier Schmidt ist in der Zingel 26, zwischen Ostertor und Marienstraße, der Erste. 1947

Nach wenigen Wochen folgt Koffer-Koch, Fincke schließt die Lücke zum nächsten unzerstörten Gebäude. Die Stadtverwaltung plant, die Innenstadt nicht wieder als Geschäftszentrum aufzubauen und das Rathaus an die Zingel zu verlegen. 1947

Die männliche Belegschaft der Firma Koffer-Koch 1947. Otto Koch (zweiter von links) hat die Firma 1934 gegründet, 1945 wurde das Geschäft im Hohen Weg ausgebombt.

Damen u. Herren Salon
HEINRICH BRUNOTTE
Blendax

vorherige Seite: Schmied Springmann in der Osterstraße 23 hat schon 1945 den Wiederaufbau von Vorderhaus und Schmiede beantragt. Anfangs wird nur der einstöckige Aufbau der Schmiede genehmigt. Dann springt die Baufirma ab: Springmann kann für die Arbeiter nur Geld bieten – das ist nichts wert. Die wichtigsten Arbeiten werden nur noch als Kompensationsgeschäfte, vor allem gegen Lebensmittel, ausgeführt. 1947 kann Friseur Brunotte im Erdgeschoss des Vorderhauses einziehen.

links: An der Dammstraße Ecke Johannisstraße hat Firma Ilsen im Holzbau den ersten Verkaufsraum eingerichtet

In der Johannisstraße mit Blick über die Dammstraße Richtung Bischofsmühle – die Ruine der Firma Hermann Olms wird später abgerissen, das Grundstück vor der Stadtmauer an der Innerste bleibt unbebaut

25-jähriges Bosch-Jubiläum von Willi Heilig, Meister des ersten Lehrjahres bei Bosch. – Die Trillke-Werke waren beim Einmarsch der Amerikaner völlig unversehrt, die Produktion lief schon im Juli 1945 wieder an.[30]

rechts: Zimmermann Kuddel Laue – hier mit Ehefrau Elisabeth und Tochter Ingeborg – hat die Firma seines Lehrmeisters übernommen. Der darf den Betrieb nicht mehr führen, weil er noch nicht „entnazifiziert“ ist. Weil Geselle Laue einen Meister im Betrieb braucht, stellt er seinen Lehrherrn ein – somit ist alles wieder im richtigen Gleis.

links: Wilfried Kaufmann (zweiter von rechts) im März 1947 mit Arbeitskolleginnen in Bergen-Belsen. – Weil der „Reifevermerk“ nicht mehr als Berechtigung zum Universitätsstudium anerkannt wird, hat Kaufmann einen halbjährigen „Übergangskurs“ besucht. Jetzt leitet er das Labor im UNRRA-Glyn Hughes-Hospital Belsen unter dem jüdischen Chefarzt Dr. Hahn, während er auf einen Studienplatz in Mikrobiologie wartet.[21]

Bei Gummi-Wetzell hat der Wiederaufbau des zerstörten Schlauchsaal begonnen. Der Nordwestpfeiler ist gerade gegossen, dahinter der Rohbau des Rohstofflagers – rechts Bauführer Hensel. 1947

Das Dach des neuen Schlauchsaals wird mit Fertigplatten belegt – Baukräne gibt es noch nicht. 1947

Auf dem Flugplatz haben die Engländer das Kommando übernommen

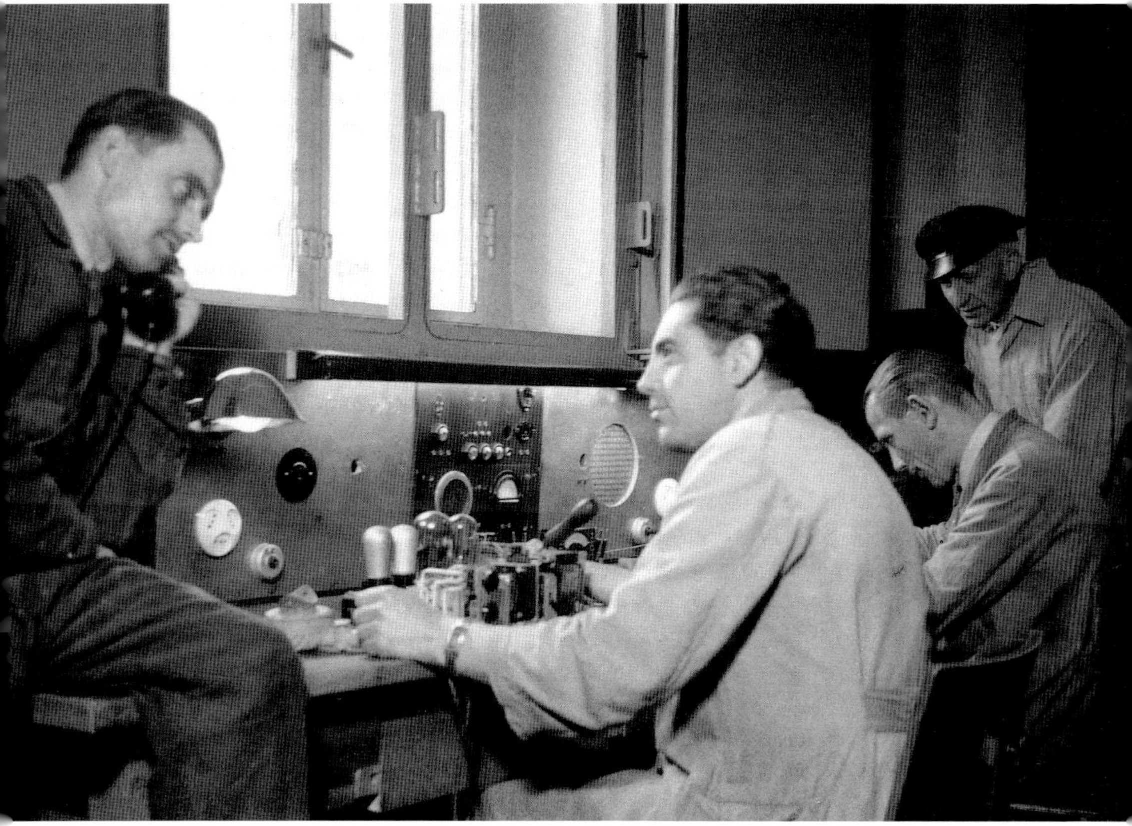

In der Funktechnik-Werkstatt wird wieder gearbeitet, jetzt für die Engländer. Im Krieg wurden hier die Funkgeräte für die JU 52 gewartet.

„Wir sind noch einmal davongekommen“ – Stammtisch von Kriegsheimkehrern, die sich schon als Pimpfe kannten

Brief an Rudolf

Wilhelm Brand

Hildesheim, den 19. Oktober 1946

Mein lieber Junge!

Deinen Brief ... haben wir gestern erhalten und darin war die Frage enthalten, ob ich krank sei. Nein, mein lieber Rudi, krank bin ich Gott sei Dank nicht. Im Gegenteil, gesundheitlich geht es mir jetzt ganz gut. Ich hatte früher, wie Du wohl noch weisst, viel unter Kopfschmerzen zu leiden und die sind jetzt vollständig verschwunden, Kopfschmerzpulver kenne ich garnicht mehr und auch mein sonstiges Befinden ist sehr gut. Wir leben jetzt ja auch ganz nach unserer Gesundheit und zwar bekommen wir jetzt Kalorien zu essen, und da wir ... täglich 1550 von diesen sagenhaften Dingern bekommen, kannst Du Dir den Erfolg denken. Fleisch wird jetzt klein geschrieben und Fett schwimmt ja immer oben. Doch halt – demnächst haben wir Ueberfluss davon. Mama holt täglich von dem schönen Rottsberg Öl und Margarine. Du wirst Dich wundern, aber es ist Tatsache. Von den schönen Buchen fallen die Bucheckern ab. Diese Bucheckern werden gegen Öl und Margarine eingetauscht. Wir haben sogar ... schon mal von unseren neuen dicken Kartoffeln richtiggehenden Puffer gebacken und das ist ein ganz seltenes Essen.

Die Tabakfrage habe ich ... auch gelöst. Ich bin darin Selbstversorger. 150 Pflanzen hatte ich dieses Jahr und ich habe jetzt die angenehme Nebenbeschäftigung, trockne den Tabak, er wird gut gebeizt und dann ergibt sich eine gute Marke „Siedlerstolz“. Er hat noch einen herben Geschmack und soll auch nicht gut riechen. Aber wie ich Dir eben schrieb, muss er gut sein, denn mein Gesundheitszustand hat noch nicht darunter gelitten. Im Gegenteil, die Kopfschmerzen sind weg. – Solltest Du bald kommen, so bringe Dir zum wenigsten eine Pfeife mit, damit Du mitrauchen kannst, denn Piepen gibt es hier nicht. Wir pfeifen sowieso schon auf dem letzten Loche.

Was nicht weniger geworden ist, ist die Arbeit. Unsere Dienststelle ist von dem ausgeräucherten Rathaus nach der Baugewerkschule Hohnsen verlegt. Da bringe ich die meiste Zeit des Tages zu. Die Freizeit ist ausgefüllt, soweit es die Jahreszeit zulässt, mit allerhand häuslichen Arbeiten. Augenblicklich trete ich ... als Bauherr auf. Ich baue jetzt wieder und zwar einen Schuppen, anstelle des von Dir seiner Zeit errichteten Holzschuppens. Man muss zwar Geduld haben, denn Steine und Sand habe ich schon, auch Fensterscheiben und das Dach kann ich wohl zusammenbringen, aber mir fehlt vorläufig jedes Bindemittel, Zement, Zementkalk. Da muss ich erst warten, bis ich von diesem Material etwas erstehen kann. Solltest Du Dich mit Deiner Heimkunft beeilen können, so kannst Du noch helfen, indem Du die Fensterrahmen und Türen anfertigst.

... Im Garten sieht es augenblicklich herbstlich aus. Kartoffeln und Gemüse haben wir geerntet und sind sehr zufrieden damit. Ich lege mehr Wert auf diese Kartoffeln und das Gemüse, als auf die obengenannten sagenhaften Kalorien. Arbeit auch im Garten ist für Dich später ausreichend vorhanden, denn bei meiner kurzen Freizeit schaffe ich es kaum und zur Zeit ist der Garten in einem nicht gerade ordentlichen Zustand. Ich hoffe an Dir später eine kräftige Hilfe zu bekommen, denn die übrigen Familienmitglieder haben wenig Zeit für diese wunderbare Erholungsarbeit. Ich bin dabei, unsere Obstbaumbestände aufzufrischen und hoffe, da Du schon alle Berufe jetzt durch hast, dass Du Dich später hier auch noch als Gärtner betätigst, denn mit der Zeit wird diese Arbeit für den alten Opa doch etwas schwer und manchmal geht der Atem etwas kürzer, noch dazu, wenn man Tabak, Marke „Siedlerstolz“ dazu raucht.

Nun lass es Dir weiter gut gehen und hoffentlich kommst Du doch bald um Meyers Ecke. Herzliche Grüsse von allen Vereinsmitgliedern und herzlichen Gruss aus der Heimat. Wenn sie auch ausgeräuchert ist, so ist und bleibt sie doch die alte Heimat.

Herzliche Grüße von Deiner Mutter und Deinem Vater

Die Währungsreform

Ruth Wolter

1948 war ich Sekretärin in einem Elektrogroßhandel im Bischofskamp. Mein Chef hatte 1946 in einer Wohnung in Drispenstedt angefangen, ich war die erste Angestellte. Für mich musste erst einmal ein Stuhl und eine Schreibmaschine angeschafft werden. Dann pachtete mein Chef die ehemalige Fabrikhalle von Sebald-Haartinktur. Um Baumaterial zu beschaffen, kungelte man mit amerikanischen Zigaretten – das war damals so. Wir haben mit Lampen, Leitungen und Elektrogeräten gehandelt. Um von den Herstellern Ware zu bekommen, wurde „kompensiert" – zum Beispiel mit Säcken voll Hülsenfrüchten zusätzlich zur Bezahlung.

Als die Währungsreform anstand, hat mein Chef alle Mitarbeiter gekündigt. Seine Begründung: „Ich weiß nicht, wie es weitergeht". Nach der Währungsumstellung wurden alle wieder eingestellt – zu neuen Bedingungen. Ich bekam vorher 140 Reichsmark monatlich, jetzt waren es nur noch 121 DM.

Am 20. Juni 1948, am Tag der Währungsumstellung, bekam jeder an den Umtauschstellen 40 DM gegen 40 Reichsmark – das war für alle gleich. Die Ersparnisse, die viele Leute hatten, wurden abgewertet und im Verhältnis 100 : 6,5 umgetauscht, aber erst viel später ausgezahlt. Auch unser Chef hatte nur 40 DM. Er musste Wechsel unterschreiben, um das Geld für die Gehälter am Monatsende von den Banken vorgeschossen zu kriegen. Wechsel – das war seinerzeit eine ehrenrührige Sache. Er hat sich sehr darüber aufgeregt.

Ich habe meine 40 DM in der Moltkeschule abgeholt. Und dann habe ich mir neue Pumps gekauft bei Salamander an der Zingel, Pumps für ungefähr 20 DM. Pumps mit hohen Absätzen – endlich konnte ich mich wieder hübsch machen. Ich hatte die ganze Zeit meine Konfirmationsschuhe getragen. Zu Hause hatten wir einen großen Sack mit abgetragener Kleidung, da wurde aus drei Stücken immer ein neues Teil gemacht.

Zum Monatsende kam dann mein erstes Gehalt in DM. In den folgenden Monaten waren die Geschäfte voll mit Waren und man stellte fest: Es ist viel schlimmer, wenn es alles gibt, aber kein Geld da ist, als umgekehrt.

Mitte 1948 – 1949

Landleben – nicht immer freiwillig: Für die Stadt herrscht eine Zuzugssperre – es gibt viel zu wenig Wohnungen. Tausende von Flüchtlingen und Ausgebombten warten im Landkreis darauf, dass sie zuziehen dürfen – auch viele Hildesheimer, die nach den Bombenangriffen aufs Land geflüchtet waren und nicht zurückkommen durften. Ihre Wohnungen in der Stadt sind belegt, sie werden zwangsbewirtschaftet.

Kartoffelernte bei Emmerke – die Versorgungslage auf dem Land ist günstiger als in der Stadt. Die Zuteilung von Lebensmitteln auf Marken bleibt auch noch nach der Währungsreform bis in die fünfziger Jahre bestehen.

links: Die große Zeit der Hausschlachtung im Hildesheimer Land beginnt – die Fleischrationierung hatte auch die Bauern hart getroffen, „Schwarzschlachten" war nach der „Kriegswirtschafts-Verordnung" schwer bestraft worden.

rechts: Adolf Bodenburg als Hausschlachter

oben: Hochkonjunktur für Baufirmen – hier die Maurer der Firma Gentemann

rechts: An der Richthofenstraße werden Wohnhäuser für die britischen Besatzer gebaut – das erste öffentliche Wohnungsbauprogramm in Hildesheim nach dem Krieg. Dadurch soll die Freigabe der von den Briten beschlagnahmten Häuser beschleunigt werden.[31]

unten und rechts: Die Wohnungsnot in Hildesheim ist noch immer groß – manchen Deutschen beschleicht der Neid angesichts der schmucken Heime für die Engländer an der Richthofenstraße

Das Haus Lindemann an der Almsstraße (Almstor) war im März 1945 stehen geblieben. Daneben baut Fischer & Faßbender im Herbst 1948 wieder auf – zunächst einstöckig. Jetzt wird die Lücke zum Nachbargrundstück geschlossen.

Das Schaufenster von Fischer & Faßbender in der Almsstraße 31 – nach der Währungsreform sind die Schaufenster wieder gefüllt, aber das Geld ist knapp. Carl Faßbender hatte 1945 zunächst in der Diele des Privathauses an der Mittelallee verkauft, dann in einer Garage am Almstor.

Klasse 9c der Knaben-Mittelschule am Pfaffenstieg. 1948

Emils Gesellenstück bei Fesser, Polsterer und Dekorateur am Lappenberg. 1948

oben und rechts: Gemeindefest der Michaelis-Gemeinde: An der Gaststätte Klingenberg in Neuhof wird „König Drosselbart“ aufgeführt – Eri Glitz ist „König“, Marianne Teuteberg „Prinzessin“

– Das Gemeindeleben ist trotz der zerstörten Kirchen lebhaft. Viele Gemeindemitglieder haben sich an Arbeitseinsätzen zum Schutträumen in den Kirchengebäuden beteiligt.

oben: 1944 eingeschult, dann 23 Klassenlehrer in den ersten drei Schuljahren: eine 4. Klasse der Moritzbergschule mit Lehrer Leinemann. „Er war der erste, bei dem wir etwas gelernt haben“. Ein Grund für den Lehrermangel: Die Lehrer müssen erst entnazifiziert werden.

rechts: Rodelvergnügen auf Trümmerbergen – auf dem Hof von Schlosser Schulze in der Michaelisstraße, im Hintergrund die Ruinen der Druckerei Mann

links: In der Elzer Straße 127 führt Karl Irrgang einen Konsum-Laden. Seit September 1947 gibt es in Hildesheim wieder eine Konsumgenossenschaft – 1933 war sie verboten worden.[32]
1949

rechts: Karl Irrgang, der „Heringsbändiger", im „Konsum" Elzer Straße. In den 30er Jahren war Irrgang Mitglied der „Roten Hilfe", sie unterstützte die Angehörigen von politischen Gefangenen durch Geldsammlungen, Bezugsmarken und Sachspenden, z.B. Weihnachtspakete. Für diese illegale Widerstandsarbeit waren im Mai 1938 mehrjährige Zuchthausstrafen verhängt worden.[33]

Rauchen verboten

links: Wetzell – hier der Eingangsbereich an der Bergmühlenstraße 1948 – darf seit dem 1. Januar 1946 wieder produzieren. Nur Teile des Werkes wurden durch Bomben zerstört, das Kesselhaus und die Turbinen sind intakt geblieben.

oben: Relikt aus Kriegszeiten – ein Einmannbunker auf dem Wetzell-Werksgelände. 1948

Die ersten Spatenstiche für die Stadtwerke-Häuser auf der Südseite der Triftstraße im September 1949. Ein hoher Anteil Gemeinschaftsarbeit ist eingeplant, um die Baukosten zu senken: Jeder der 300 Stadtwerke-Mitarbeiter arbeitet an drei Urlaubstagen mit, die künftigen Bewohner außerdem in ihrer Freizeit.[34]

Ratsherren und Vertreter der Stadtwerke gratulieren zum ersten Arbeitseinsatz an der Triftstraße

Ratssitzung mit Oberbürgermeister Albin Hunger in der Staatsbauschule am Hohnsen, dem Ausweichquartier der Stadtverwaltung, bis das Rathaus wieder aufgebaut ist.
24. Oktober 1949

Im Rottsberg, ehemals Zuflucht bei Fliegeralarm – im Dunst das Vorwerk und der Finkenberg: „Ganze Karawanen sind bei Alarm hier hochgezogen.“ 1949

oben: Behelfsheim am Rottsberg, Ecke Triftstraße, 1944 von Senking gebaut, am Morgen des 22. März 1945 erstmals vermietet

links: Katharina Rabe wurde in der Werkswohnung bei Senking ausgebombt

links: Eine fröhliche Zeit auf 32qm Wohnfläche am Rottsberg – an der Wand der Volksempfänger, die „Goebbels-Schnauze" aus Kriegszeiten

rechts: „Für mich war das Wohnen am Rottsberg wunderbar – und unser Haus war eins der wenigen aus Stein, die meisten Behelfsheime waren Holzbauten"

Männe (zweiter von links) und Rudolf Brand (rechts) sind aus der Kriegsgefangenschaft zurück. Auf dem Eilersschen Hof an der Bennostraße bauen sie für Schwager Joseph Eilers (links) die Scheune zum Wohnhaus aus.

Ausflug der Lehrlingsabteilung (TGA) von Bosch. 1949

oben: Die Rasselbande Unter den Eichen, Bosch-Siedlung Hildesheimer Wald

rechts: Walters erstes Rad – Agnes Günther hat geheiratet und zieht jetzt das erste eigene Kind auf

übernächste Seite: Rottsberg-Nachbarn – Goethe-Forscherin Alfriede Marioth mit ihren Kuvacz-Hunden und Anna Leester von der Hühnerfarm

Der Motorradkauf

Walter Maciejewski

Nach der Währungsreform 1948 gab es nur wenige Autos, vorwiegend Pferdegespanne besorgten das Verkehrsgeschehen. Personenwagen waren „zum Fronteinsatz herangezogen“ worden, und neue Autos gab es bislang nur auf Bezugsschein. Motorräder, die irgendwo versteckt waren, erwachten wieder zum Leben. Privatleute hatten andere Sorgen als die Anschaffung eines Autos. Die Motorisierung begann langsam aber stetig, und wir Halbwüchsigen träumten von Fahrzeugen. Ein Auto schien für mich unerreichbar, ein Motorrad, ja das wär‘s. Knickriem in der Gartenstraße hatte reihenweise Motorräder im Schaufenster, und wenn ich zu Maaßberg in die Binderstraße zum Milchholen geschickt wurde, habe ich mir die Nase bei Knickriem an den Fenstern plattgedrückt. Ja, so ein Motorrad, das war mein Traum.

Eines Tages hörte ich von irgendjemandem, ich weiß nicht mehr von wem, ein Motorrad sei für 40 DM in einer Gartenkolonie bei Ochtersum zu verkaufen. Ich hatte zwar keine vierzig von der kostbaren neuen Deutschen Mark – aber erst mal hin. Nach Fragen und Suchen fand ich endlich einen hutzeligen alten Mann, der das „Gewünschte“ haben sollte. Es war aber gar kein Motorrad, sondern ein gebrauchter ausgebauter Fahrradhilfsmotor in einem Pappkarton. Einbaumotor Lutz, 58 ccm, Hersteller Lutterwerke Braunschweig, Einganggetriebe, der Tank sah aus wie eine Bockwurstdose, die Zündspule hatte man in eine Blechbüchse gesteckt, das Ganze etwa Baujahr ’46. Ich handelte erst einmal den Preis auf fünfunddreißig Mark herunter, ohne zu wissen, ob das Ding auch lief, zahlte mein gesamtes Vermögen von 23 Mark an, das ich mir durch Altpapiersammeln verdient hatte, und fuhr nach Hause. Meine Mutter bettelte ich um Geld für ein Schulbuch an, mein Bruder lieh mir sechs Mark. So hatte ich dreiunddreißig Märker zusammen. Also nach ein paar Tagen – nachdem die „Finanzierung gesichert“ schien: auf nach Ochtersum. Der alte Mann hatte mit mir ein Einsehen und verkaufte mir nach langem Hin und Her endlich den Fahrradeinbauhilfsmotor „Lutz“. Vermutlich musste er den Preis anerkennen, weil die Anzahlung schon verbraten war.

In der Almsstraße angekommen, einen Pappkarton mit Eisenteilen auf dem Gepäckträger meines Rades, das nun Motorrad werden sollte, es war schon dunkel, kalter November, es regnete, und ich hatte mich erheblich verspätet, da stand mein Vater hinter der Haustür. – Owei! „Wo kommst Du her?“, fauchte mich mein wütender Erzeuger an. Diese Stimme holte mich aus den tollsten Zukunftsträumen. „Von draußen.“ Bautz, bautz gab‘s was aus der „Armenkasse“. „Was ist das da in dem Karton?“ Ich fing mich wieder und erklärte heulend, aber mit Besitzerstolz: „Ein Motorrad“. Da setzte es wieder reichlich, weil sich mein Vater nun auch noch verschaukelt fühlte. Sekunden vorher war ich noch ganz stolz. Schließlich würde ich Besitzer eines Motorrades durch den Inhalt des Kartons und mein Fahrrad, das ich von meinem Großvater bekommen hatte. Und nun diese Demütigung, die ich meinem Vater nie vergessen habe.

Am anderen Tage sah es dann ganz anders aus. Der „Alte“ hat beim Einbau mitgeholfen, vermutlich wusste er, dass da was gutzumachen war. Schließlich lief das Ding, machte einen Wahnsinnsspektakel, und ich war motorisiert. Aber mein Finanzierungspartner, mein elfjähriger Bruder, machte „Ansprüche geltend“, denn er hatte das Ding ja mitfinanziert. Also, dieser verdammte Bengel hat bei jeder Gelegenheit Spritztouren gemacht. Benzin war teuer, die Mühle fuhr mit Gemisch 1:25, fraß ca. fünf Liter, und der Tank war dauernd leer. Nachdem sie auch noch die Kette am Fahrradrahmen gefressen hatte, musste ich den Motor ausbauen, damit bei Schirmer der Rahmen geschweißt werden konnte. Ich habe dann aus „finanziellen Gründen“ das Motorradfahren für viele Jahre aufgegeben und meinen Hilfsmotor mit Verlust verkauft. Aber bei Knickriem habe ich mir noch jahrelang die Nase platt gedrückt.

Frohe Ferien für alle Kinder

Irma Mamone

Zur antifaschistischen Bewegung bin ich so gekommen: Ich hatte mir in der Baracke von Gerstenberg am Bahnhof ein Heft gekauft: „Die Hölle von Treblinka". Ich habe gern gelesen – in Ostpreußen hatte ich nur eine ganz mindere Schulbildung. Meine Schwiegereltern waren wissend. „Das ist wirklich passiert", sagte mein Schwiegervater, „das ist kein Krimi". Das war für mich wie ein Tritt in den Hintern.

Zuerst war ich bei der Frauen-Friedensbewegung. Das waren Damen aus der gehobenen Gesellschaft und aus Kirchenkreisen. Dann kam ich zum DFD, dem Demokratischen Frauenbund Deutschlands. Dort, in Arbeiterkreisen, fühlte ich mich wohler. Der DFD hat Mitte der Fünfziger Jahre „Frohe Ferien für alle Kinder" organisiert. Für die Kinder gab es damals nichts in Hildesheim, nur die Kirchen haben etwas unternommen. Wir sind in die russisch besetzte Zone gefahren und haben gezeltet. Es gab eine Fahne, es wurden Lieder gesungen – das wurde als kommunistische Propaganda gewertet. Dafür sind manche von uns ins Gefängnis gegangen.

1951 habe ich Unterschriften gegen die Remilitarisierung der Bundesrepublik gesammelt. Ich war in der Martin-Luther-Straße unterwegs und bin von Wohnung zu Wohnung gegangen. Fast jeder gab mir eine Unterschrift gegen die Wiederbewaffnung. Wir wurden damals alle angezeigt und ich spürte zum ersten Mal die Macht des Staates. Ich erlebte die erste Hausdurchsuchung, bei der aber auch alles in unserer Wohnung auseinander genommen wurde.

Für mich ist das heute ein Halleluja: Vieles, wofür wir damals gekämpft haben, findet heute Anerkennung. So lange hat das gedauert. Christian Wulff hat neulich eine Rede gehalten, da dachte ich: Das hat er vom Verfassungsschutz abgeschrieben, das sind unsere Worte von damals.

1950

Früh repariert und instand gesetzt: Godehardikirche und Godehardi-Gefängnis *(rechts)*. In der Godehardikirche konnte nach den Reparaturen von Dach und Nordwand schon Weihnachten 1945 wieder der Gottesdienst gefeiert werden. Bis zur Einweihung des neu erbauten Doms 1960 ist sie die Kirche des Bischofs von Hildesheim.

Wiederaufbau, Neubau und Brache – der Marktplatz um 1950.
Tempelhaus und Sparkasse sind vor dem Rathaus bezugsfertig.

Demonstration in der Arnekenstraße Anfang der fünfziger Jahre, vorn Irma Westphal (später Mamone). Veranstalter ist der Demokratische Frauenbund Deutschlands (DFD). „Kinderarmut, Gesundheitsvorsorge für die Kinder, das waren damals unsere Themen." – Seit die sowjetische Besatzungszone im Oktober 1949 zur DDR wurde, verschärft sich der Kalte Krieg: Es existieren jetzt zwei deutsche Staaten nebeneinander. Viele junge Vereine und Initiativen fallen dem Druck zur Aufspaltung in zwei feindliche politische Lager zum Opfer.

Blick vom Andreaskirchtum nach Nordwesten: An der Post- und der Rolandstraße (später Kardinal-Bertram-Straße) baut die GBG 100 Wohnungen. Die gemeinnützigen Wohnungsunternehmen GBG und Beamten-Wohnungs-Verein sind die größten Bauherren der Stadt. Nach Übernahme der Grundstücke von den Alt-Eigentümern errichten sie ganze Wohnblocks im Andreas- und im Jakobiviertel.[35]

Koffer-Koch und Uhren-Schmidt ziehen im Sommer 1950 von der Zingel in die Almsstraße um (rechts die Jacobikirche). Erst seit Herbst 1948 steht fest: Almsstraße und Hoher Weg sollen wieder zur Hauptgeschäftsstraße werden.

Seite 298: Blick vom Alten Markt Ecke Süsternstraße bis zur Stadtmauer am Westende des Wohl – auf den Privatgrundstücken im alten Zuschnitt sollen Zwei-Familienhäuser entstehen. Bauherr ist aus wirtschaftlichen Gründen eine Baugenossenschaft.

Seite 299: Großbaustelle vom Wohl bis zur Klosterstraße – das evangelische Lehrlingsheim an der Klosterstraße (hinten rechts) steht schon, links daneben im Hintergrund die Ruinen des Michaeliskloster

links: Am 3. Januar 1950 eröffnet Kuddel Laue in der Dingworthstraße ein Fahrradgeschäft. In der Folgezeit wird er in die Affäre um das Kupfer vom Dach des zerstörten Hildesheimer Doms verwickelt.[36]

Firma Ilsen ist in den Neubau an der Dammstraße gezogen, rechts daneben der Schlichtbau von Buchhändler Georg Olms. Das Eckgrundstück Dammstraße-Johannisstraße wird noch für die LKWs und Anhänger von Dammann genutzt.

Aussicht von Westen auf das Wetzell-Werksgelände – mit dem einzigen motorbetriebenen Fahrzeug der Firma. Der Mercedes von Direktor Paschen war im Krieg beschlagnahmt worden. Als Paschen nach Kriegsende entnazifiziert wurde, setzten die Amerikaner Friedrich Lekve als Direktor ein. Er arbeitete als Dolmetscher für sie und bekam von ihnen ein Geschenk: zufällig den beschlagnahmten Wetzell-Mercedes. Lekve schenkte ihn der Firma – so hatte sie den den Wagen zurück. Paschen war (spätestens) 1947 wieder da – und stellte in der Folgezeit Lekve kalt.[37] 1950

Oberst a.D. Glitz hat kurz vor dem Einmarsch der Amerikaner die angeordnete Sprengung zweier Hildesheimer Brücken verhindert, dann am 7. Mai 1945 durch eine Granate seinen rechten Arm verloren. Er ist Vortragsreisender geworden – Themen sind die alten Kulturen Griechenlands, Vorderasiens und Chinas. Seit 1948 ist Glitz Mitglied im ersten Vorstand der „Hildesheimer Volkshochschule im Kulturring“.[38]

links: Im Zeltlager der katholischen Pfadfinder auf dem Wohldenberg

oben: „Hier haben wir unseren Leiter, der verkleidet im Dorf herumlief, entdeckt und gefangen“

Empfang auf dem Hauptbahnhof – die ersten Urlaubsfahrten nach dem Krieg werden unternommen

Die ersten Autokäufe: Sofie fährt mit Kannes per Bahn nach Stuttgart, um für deren Taxigeschäft einen neuen Mercedes abzuholen – auf der Rückfahrt Stopp am Nationaldenkmal bei Rüdesheim. 1949

oben: Schultes auf Rheinfahrt mit Onkel Allo

rechts: Urlaubsreise im Fiat topolino mit Holzrahmen und Holztüren, KFZ-Kennzeichen BN 93: B für Britische Zone, N für Niedersachsen, 93 für Hildesheim

BN93-4555

Oswald Petermann, Jahrgang 1910, hat sich nach 1945 mit seiner neu gegründeten Familie in Hildesheim angesiedelt *(oben)* – von links die Kinder Mario, Sonja, Peter und Bernhard. – Petermann hat das Stettiner Ghetto, das KZ Sachsenhausen und das Vernichtungslager Auschwitz durchgestanden. Seine erste Frau und seine sechs Kinder aus erster Ehe *(rechts)* sind in Auschwitz gestorben.[39]

Anmerkungen

1 Die Luftaufnahmen auf den Seiten 12 bis 17 hat mit hoher Wahrscheinlichkeit Erhard Glitz gemacht. Bis zum Kriegsbeginn war er Taktik-Lehrer an der Aufklärerfliegerschule auf dem Hildesheimer Flughafen.

2 vgl. Degener 1988, S. 31; Angaben zum „Stammlokal SS" von Zeitzeuge Ezio de Lorenzo, Tonbandaufzeichnung Moritzberg Verlag 1997

3 Der italienische Geschäftsmann Silvio de Lorenzo unterstützte Max Sterns Ausreise über Genua; Angaben von Ezio de Lorenzo, Tonbandaufzeichnung Moritzberg Verlag 1997

4 vgl. Thimm 1999, Seite 54

5 Mehm und Rieger 2005 (a)

6 s. Graf, Hans-Dieter: Die Verlags- und Sortimentsbuchhandlung Franz Borgmeyer in der Zeit des Nationalsozialismus, in: Gutenberg-Jahrbuch 1988; weitere Angaben von Rudolf Scholz

7 s. Thimm 1999, S. 73ff. Zeitzeugin Ruth Wolter beschreibt im Jahr 2009 das Haus so: „Als Schulmädchen bin ich dort täglich vorbeigegangen. Das Gebäude war nicht hoch, aber es hatte eine große Grundfläche. Das Haus war unheimlich, mit großen Bäumen vor dem Eingang. Wir haben nie dort gespielt – man hat das Haus gemieden. Hinter dem Grundstück verlief ein Fußweg von der Marienstraße zum Seiteneingang des Theaters. Man ging dort hindurch, wenn man einen Sitzplatz im Parkett hatte." Protokoll Moritzberg Verlag

8 Knauer, Mehm und Rieger 2004

9 Finke, Jutta: Die Großkundgebungen der Jahre 1936 bis 1939, in: Moritz vom Berge, Stadtteilzeitung Hildesheim West, April 1999

10 Finke, Jutta: Das Walderholungsheim auf dem Rottsberg, in: Hildesheimer Heimatkalender 2001; letztere Angabe von Zeitzeuge Hermann Rabe, Protokoll Moritzberg Verlag

11 Meyer-Hartmann 1993, S. 55ff

12 Meyer-Hartmann 1993

13 Vereinigung der Verfolgten des Naziregimes 1988; Reyer 2002

14 vgl. Einwohnerbuch der Stadt Hildesheim 1936/37 und 1940. Offensichtlich wurde die Transportliste vom 23. Juli 1942 (NHStAH, Hann. 210, Acc. 160/98, Nr. 17), auf die sich verschiedene Autoren beziehen, schludrig geführt und der „Friesenstieg"mit der „Friesenstraße" gleichgesetzt: Vermutlich wurden nicht aus der Friesenstraße 16, sondern aus dem Friesenstieg 16 Juden deportiert. Das Haus Friesenstraße 16 hatte laut Adressbuch weder jüdische Eigentümer noch jüdische Bewohner, wohl aber das Haus Friesenstieg 16.

15 Pinl, Barbara: Die Deportation der Hildesheimer Juden, in: Schmid 2002, S. 78ff; Reyer 2002

16 vgl. Abbildung Stadtarchiv Hildesheim, Bestand 951, Nr. 5089: Sie zeigt noch deutlicher, dass das Haus leer steht.

17 Sueße, Thorsten: Hilflose Empörung angesichts des Unfassbaren ..., in: Nieders. Landeskrankenhaus Hild. 2002; zu den Plänen der SS vgl. Meyer-Hartmann in: HiAZ v. 22.3.1984 und Degener 1988, S. 85

18 vgl. Aden 1994, S. 42

19 Mehm und Rieger 2005 (a); vgl. Schmid, Hans-Dieter: Die Deportation der Sinti aus Hildesheim im März 1943, in: Schmid 2002, S. 84

20 Auskunft zur Verschleppung von Anna Müller, Hausarchiv Magdalenenhof; zum Ziel der Deportation vgl. Schmid, ebenda

21 Kaufmann, Wilfried: Ereignisse, Erinnerungen und Dokumentationen, unveröffentlichtes Manuskript, Hildesheim 1998

22 Angaben von Ezio de Lorenzo, Tonbandaufzeichnung Moritzberg Verlag 1997

23 „Moritzberger Ärzte – Denunziert, inhaftiert und gestorben", in: Moritz vom Berge, Stadtteilzeitung Hildesheim-West, März 2008

24 Mehm und Rieger 2008

25 Hildesheimer Geschichtswerkstatt 2000, S. 90ff

26 Zoder, Rudolf: Hildesheim – wie es wurde – was ihm wurde, in: Zoder, Rudolf (Hrsg.): Hildesheim, Brilon 1956

27 Teich 1979, S. 117ff

28 Angaben zu den Personen von Dorothea Grotzky; zur Neuregelung des Entnazifizierungsverfahres im Februar 1946 s. Beitzen, Hans: reeducation. Wie Verwaltung und Rat von Hildesheim im ersten Nachkriegsjahr wieder Tritt faßten, in: Hildesheimer Heimatkalender 1971; s. auch Stadtarchiv Hildesheim, Bestand 103-10, Nr. 1

29 s. Raffert 2008, S. 124

30 Overesch 2008, S. 248ff

31 Aden 1994, S. 220ff

32 DGB Kreis Hildesheim-Alfeld 1995, S. 280f

33 Teich 1979, S. 79ff

34 „Stadtwerke bauen 30 Häuser", in: Hannoversche Allgemeine Zeitung v. 5.9.1949

35 „Hildesheims Stadtkern wird neu geformt" in: HiAZ v. 22.3.1950

36 1950/51 begannen Bekannte von Kuddel Laue, das Kupferblech vom Dom, das im Kreuzgang gelagert war, abzutransportieren. Nachts legten sie es in Laues unverschlossenen Hof hinter dem Fahrradgeschäft, morgens brachten sie es zu einem Schrotthändler nach Gronau – als Herkunft war immer Laues Name und Adresse angegeben. Laue wusste laut eigenen Angaben nichts davon. Für ein Kilo Kupferblech bekam man damals 4,50 DM. Anfangs wurde das Kupferblech mit dem Fahrrad geholt, schließlich per LKW. Es fiel erst auf, als auch die neuen Kupferplatten für den Wiederaufbau gestohlen wurden. 22 Angeklagte standen schließlich für den Diebstahl vor Gericht. Laue bekam die längste Strafe: ein Jahr und acht Monate im Godehardigefängnis – nach eigenen Angaben, weil der Richter ihn für den Klügsten unter den Angeklagten hielt und meinte, er habe die Fäden in der Hand gehalten. Seine Rückkehr aus dem Gefängnis machte Laue mit einer Zeitungsannonce bekannt, die auf dem Kopf stand: Kuddel ist wieder da! Vgl. „Wenn Kuddel noch da wär' ...", in: Moritz vom Berge, Stadtteilzeitung Hildesheim-West, April 1992

37 Angaben von Zeitzeuge Wilhelm Prinz, Protokoll Moritzberg Verlag

38 vgl. „Oberst a.D. Erhard Glitz ist tot", in: HiAZ v. 2./3.5.1970 und Raffert, Joachim in: HiAZ v. 4.3.1995

39 Mehm und Rieger 2005 (b)

Literatur

Aden, Menno: Hildesheim lebt – Zerstörung und Wiederaufbau. Hildesheim 1994

Adreßbücher / Einwohnerbücher der Stadt Hildesheim von 1930, 1936/37, 1940 und 1950

Bölke, Stefan: Die Elektrische in Hildesheim. Eine Stadt kommt in Bewegung. Hildesheim 2008

Brinkmann, Jens-Uwe: Hildesheim so wie es war. Düsseldorf 1976, 2. Auflage 1993

Degener, Friedrich: Aber die Bilder bleiben – Fotografische Impressionen aus Alt-Hildesheim. Hildesheim 1988

Deutscher Gewerkschaftsbund Kreis Hildesheim-Alfeld (Hrsg.): Geschichte der Hildesheimer Arbeiterbewegung. Hildesheim 1995

Gerstenberg, Hans A. (Hrsg.): Hildesheim – einst und heute. Hildesheim 1966

Heinemann, Erich: Jahre zwischen gestern und morgen. Hildesheim nach dem Kriege 1945 – 1949. Hildesheim 1983

Hildesheimer Geschichtswerkstatt e.V. (Hrsg.): „Schläge, fast nichts zu Essen und schwere Arbeit – Italienische Zwangsarbeiter in Hildesheim 1943 – 1945. Hildesheim 2000

Initiativgruppe zur Rehabilitierung der Opfer des Kalten Krieges in Niedersachsen (Hrsg.): Kalter Krieg in Niedersachsen. Ohne Jahr

von Jan, Helmut: Hildesheim zur Kaiserzeit in Ansichtskarten von 1890 – 1910. 2. Auflage Hildesheim 1982

von Jan, Helmut: Die Katastrophe der Hildesheimer Juden 1938 – 1988. Zum Gedächtnis der 50jährigen Wiederkehr. In: Alt-Hildesheim, Jahrbuch für Stadt und Stift Hildesheim, Bd. 59/1988

Knauer, Wilfried, Mehm, Berthold und Rieger, Werner: Der Hildesheimer Baumeister mit dem Lila Winkel. Berthold Mehm Hildesheim 2004

Mehm, Berthold und Rieger, Werner (Hrsg.): Und plötzlich kam meine Schwester nach Auschwitz. Berthold Mehm Hildesheim 2005 (a)

Mehm, Berthold und Rieger, Werner (Hrsg.): Die Verfolgung der Zigeuner (Sinti und Roma) in der NS-Zeit. Berthold Mehm Hildesheim 2005 (b)

Mehm, Berthold und Rieger, Werner: Die Bibelforscherfamilie Wehmeyer. Berthold-Mehm-Stiftung Hildesheim 2008

Meyer-Hartmann, Hermann: Zielpunkt 52092 N 09571 O – Der Raum Hildesheim im Luftkrieg 1939 – 1945. Hildesheim 1985

Meyer-Hartmann, Hermann: Geheime Kommandosache – Die Geschichte des Hildesheimer Fliegerhorstes. Hildesheim 1993

Nieders. Landeskrankenhaus Hild. (Hrsg.): 175 Jahre Niedersächsisches Landeskrankenhaus Hildesheim (1827 – 2002). Hildesheim 2002

Nowak, Josef: Wenn die Steine reden – Alt-Hildesheim klagt an. Hildesheim 1948

Overesch, Manfred u.a.: Renaissance einer Kulturstadt – Hildesheim nach dem 2. Weltkrieg. Hildesheim 1998

Overesch, Manfred: Der Augenblick und die Geschichte – Hildesheim am 22. März 1945. Hildesheim 2005

Overesch, Manfred: Bosch in Hildesheim 1937 – 1945. Göttingen 2008

Pflaumann, Ingrid: Das Steinbergviertel in Hildesheim. Hildesheim 2009

Raffert, Joachim: Der Hildesheimer Bezirkslandtag 1946. Hildesheim 2008

Reyer, Herbert: Die Deportation der Hildesheimer Juden in den Jahren 1942 und 1945. In: Hildesheimer Jahrbuch für Stadt und Stift Hildesheim, Band 74, 2002

Schmid, Hans-Dieter (Hrsg.): Hildesheim im Nationalsozialismus – Aspekte der Stadtgeschichte. Hildesheim 2002

Seeland, Hermann: Zerstörung und Untergang Alt-Hildesheims. Hildesheim 1947

Teich, Hans: Hildesheim und seine Antifaschisten. Hildesheim 1979

Thimm, Barbara: Spuren des Nationalsozialismus in Hildesheim. Hildesheim 1999

Vereinigung der Verfolgten des Naziregimes – Bund der Antifaschisten, Kreisvereinigung Hildesheim: Verfolgung der jüdischen Bürger/innen Hildesheims. Hildesheim 1988

Bildnachweis

Die Bilder auf den im Folgenden genannten Seiten wurden uns zur Verfügung gestellt von:

Hans-Rudolf Alfey: S. 53, S. 233 oben

Stefan Bölke: S. 25 (von Heinz-Ludwig Fütterer, Hildesheim, veröffentlicht in: Stefan Bölke: Die Elektrische in Hildesheim. Eine Stadt kommt in Bewegung. Hildesheim 2008)

Dieter Borchert: S. 94, 118, 119, 246, 247

Sofie Brand: S. 31 oben u. unten, 32, 33, 74, 76, 84, 85, 86, 87, 88, 89, 90, 116, 125, 136, 137 oben, 166, 167, 174, 175, 307

Gerhard und Brigitte Brunotte: S. 40, 123, 226/227, 231, 239, 298, 299

Hans-Gerhard Dammann: S. 55, S. 241

Hildesheimer Geschichtswerkstatt e.V.: S. 213

Gudrun Hollemann: S. 61, 66, 163 oben, 262, 263

Frank Hoppe: S. 212, S. 230 unten

Kampfmittelbeseitigungdienst, Zentrale Polizeidirektion Hannover: S. 186/187, 188, 189

Erika Kaufmann: S. 12/13, 47, 52, 58 oben u. unten, 60, 68, 132 oben u. unten, 133, 134, 135, 162, 163 unten, 164, 165 oben u. unten, 235, 243 unten, 266, 267, 270, 303

Hannelore Kleingeist: S. 232, 240, 301

Renate Kmietsch: S. 271

Jens Koch: S. 236, 237, 238

Archiv Kultur und Geschichte vom Berge e.V., Hildesheim:

aus Nachlass Hagemann (Dias): S. 29, 30, 36. 42, 43 oben u. unten, 44, 91 oben u. unten

aus Nachlass Paula Jungk: S. 93 oben u. unten, 144, 145, 147, 171, 182

aus Sammlung Müller/Scharlemann: S. 18, 19, 20, 21 oben, 26, 34, 45, 51, 81, 101, 115, 117, 122 aus Sammlung Neg. Rohde: S. 69 – S. 73 (Nr. 2.1, 2.3, 2.4, 2.5, 4.1, 4.2)

sowie: S. 14/15 (Best. 2.3.5. Nr. 1/1), S. 16/17 (Best. 2.3.5. Nr. 1/2), S. 54 (Best. 2.3.2.1. Nr. 4/17), S. 56 oben (Best. 2.1.55. Nr. 3), S. 154 (Best. 2.2.3. Nr. 1/2), S. 170 (Best. 10.12. Nr. 1), S. 172 (Best. 2.3.2.1. Nr. 5/6), S. 173 rechts (Best. 2.1.88. Nr. 1), S. 183 oben u. unten (Best. 2.3.2.2. Nr. 6/49, 6/50), S. 216 (Best. 2.2.10. Nr. 1), S. 270 (Best. 2.1.56. Nr. 1/1), S. 272 (Best. 9.11. Nr. 24/7), S. 273 (Best. 9.11. Nr. 24/1), S. 274 – 276 (Best. 1.1.9. Nr. 6/2, 6/4, 6/5), S. 282 (Best. 1.1.20. Nr. 10/3), S. 286 (Best. 6.2. Nr. 9), S. 302 (Best. 9.11. Nr. 25/6)

Hilde Lambrecht: S. 21 unten, 23, 41, 46, 100, 108 unten, 109, 110, 111, 138 oben u. unten, 140, 141 oben u. unten, 142, 143, 160, 176

Wilhelm Laue: S. 57, 157, 243 oben, 300

Hausarchiv Magdalenenhof, Hildesheim: S. 38, 39, 120, 121 oben u. unten, 159

Irma Mamone: S. 229, 230 oben, 254, 255, 269, 295, 306

Berthold-Mehm-Stiftung Hildesheim: S. 184, S. 310 oben u. unten

Josef Meier: S. 148 oben u. unten

Archiv Moritzberg Verlag, Hildesheim: S. 56 unten, 64 oben, 75, 82, 93 oben u. unten, 124, 173 links, 214, 92, 293

Michael Mühe: S. 204, 205, 206, 207, 208, 209, 222, 223, 224, 225, 228, 294

Edith Nawroth: S. 27, 28, 112, 113

Walter Nothdurft: S. 50, 59, 146, 156, 234, 248, 256, 257, 258, 284, 285

Franz-Josef Oelkers: S. 67, 155, 268

Elisabeth Ossenkopp: S. 80 oben u. unten, 168, 169, 242, 283

Wilhelm Prinz: S. 37, 62, 63, 64 unten, 65, 126, 127, 128, 129, 130, 131, 132, 190, 191, 192, 193, 194, 195, 196, 197, 198, 244, 245

Hermann Rabe: S. 278, 279 oben u. unten, 280, 281, 305, 306, 309

Rudolf Scholz: S. 35, S. 215

Stadtarchiv Hildesheim: S. 22 (Best. 951 Nr. 1047/08), S. 24 (Best. 951 Nr. 2497), S. 48 (Best. 952 Nr. 229/1), S. 49 (Best. 951 Nr. 5935), S. 78 (Best. 951 Nr. 897/1), S. 79 (Best. 951 Nr. 897/3), S. 92 (Best. 951 Nr. 2497), S. 102 – 106 (Best. 951 Nr. 8377/1, 8377/4, 8377/7, 8377/8, 8377/11, 8377/12), S. 107 (Best. 951 Nr. 5090), S. 108 oben (Best. 951 Nr. 5081), S. 114 (Best. 951 Nr. 895/2), S. 139 (Best. 951 Nr. 897/5), S. 185 (Best. 951 Nr. 438), S. 199 (Best. 954 Nr. 887), S. 210 (Best. 951 Nr. 456a), S. 211 (Best. 951 Nr. 494), S. 259 (Best. 951 Nr. 2071/2), S. 260 (Best. 951 Nr. 4741), S. 261 (Best. 951 Nr. 4743/2), S. 277 (Best. 951 Nr. 1627/3), S. 296 (Best. 951 Nr. 1621/11), S. 297 (Best. 951 Nr. 4255/1)

Herbert Trümper: S. 77, 137 unten, 161, 233 unten, 264, 265, 308

Danksagung

Herzlichen Dank an alle, die mich bei der Arbeit an diesem Buch unterstützt haben. Ihre Namen finden sich zum guten Teil auf den vorstehenden Seiten im Bildnachweis oder als Autorenangabe zu den Texten im „Bildband". Nicht dort genannt sind alle, die auf andere Art geholfen haben: mit Tipps zur Fotosuche und zur Identifikation von Personen und Orten, mit persönlichen Unterlagen, alten Zeitungen, Büchern und mit praktischer Hilfe bei der Erstellung des Buches. Deshalb hier mein ausdrücklicher Dank auch an: Ulrich Ahrens, Andrea Althaus-Bode, Reinhold Baaske, Inge Becke, Thomas Brien, Alexander Dylon, Jutta und Gebhard Finke, Edgar Fritsch, Johannes Gassmann, Klaus und Marlies Gottschalk, Hartmut Häger, Hans-Joachim Härke, Hans-Heinrich Helmke, Theo Iburg, Alexander Matz, Berthold Mehm, Erika Mühe, Christian Prenzler, Werner Rieger, Egmar Ruppert, Michael Sackmann, Klaus Schäfer, Karl Scheide, Henning Schindler, Christa Springmann, Inka Steffens, Bärbel Westphal, Walter Wilhelms und an die Mitarbeiter/innen des Stadtarchivs Hildesheim.